高校图书馆的服务创新研究

胡廷俊 著

应急管理出版社
·北京·

图书在版编目（CIP）数据

高校图书馆的服务创新研究 / 胡廷俊著 .-- 北京：应急管理出版社，2022
　ISBN 978-7-5020-9657-1

Ⅰ.①高... Ⅱ.①胡... Ⅲ.①院校图书馆－图书馆服务－研究Ⅳ.①G258.6

中国版本图书馆 CIP 数据核字（2022）第 214644 号

高校图书馆的服务创新研究

责任编辑	李景辉
责任校对	孔青青
封面设计	贝壳学术
出版发行	应急管理出版社（北京市朝阳区芍药居35号　100029）
电　　话	010-84657898（总编室）　010-84657880（读者服务部）
网　　址	www.cciph.com.cn
印　　刷	天津和萱印刷有限公司
经　　销	全国新华书店
开　　本	710mm×1000mm$^{1}/_{16}$　印张 $12^{1}/_{2}$　字数 200千字
版　　次	2023年2月第1版　2023年2月第1次印刷
社内编号	20221338　　　　定　价　62.00元

版权所有　违者必究

本书如有缺页、倒页、脱页等质量问题，本社负责调换，电话：010-84657880

前　言

服务是图书馆的基本宗旨，是图书馆的核心价值观。无论哪一个图书馆，其办馆宗旨一定是"一切为了读者""让读者满意"。

高校图书馆作为为教学和科学研究服务的学术性机构，是高校信息化和社会信息化的重要基地，既要满足教师和学生的阅读需要及情报需要，又要为教师和学生提供充分发展的广阔空间。可见，高校图书馆服务的重要性是要远远大于普通图书馆的。

同时，随着科技的快速发展，伴随读者选择阅读资源的渠道越来越多，高校图书馆也面临着激烈的市场竞争和严峻挑战。面对挑战，图书馆管理和服务要跟随时代脚步不断创新，不断提高服务水平和质量，通过更好的服务质量赢得读者。因此，高校图书馆要不断加强服务工作的创新，深入查找服务短板，破解服务难题，切实提高高校图书馆为读者和教学科研的服务质量和服务水平。

本书从高校图书馆的视角，对高校图书馆的服务创新涉及的问题做了全面的探索和研究，内容包括高校图书馆的人文管理与发展、高校图书馆服务质量的提升、高校移动图书馆与移动服务、高校智慧图书馆服务平台的创建等。本书在阐述高校图书馆服务理论的同时，也探讨了高校图书馆在转型中孕育的新的服务方法，对当代高校图书馆的服务创新具有普遍的借鉴意义。

在写作过程中，作者参阅了大量的国内外图书、论文、研究报告等方面的文献，在此对这些文献的作者表示衷心感谢。由于作者的水平和掌握的资料有限，书中难免存在缺点和不足，恳请广大读者提出宝贵意见。

著者

2023 年 2 月

| 目　录 |

第一章　高校图书馆的服务　/ 1

　　第一节　高校图书馆概述　/ 1

　　第二节　高校图书馆的功能与职能　/ 10

　　第三节　高校图书馆的服务活动　/ 20

　　第四节　高校图书馆读者权利　/ 21

第二章　高校图书馆的人文管理与发展　/ 27

　　第一节　高校图书馆的人文管理　/ 27

　　第二节　高校图书馆的工作发展　/ 37

第三章　高校图书馆的新型服务模式　/ 47

　　第一节　高校图书馆的信息服务　/ 47

　　第二节　高校图书馆的共享服务　/ 53

第三节　高校图书馆的科技查新服务　/　75

第四节　高校图书馆的学科服务　/　80

第五节　高校图书馆嵌入式学科服务体系构建　/　94

第四章　高校图书馆服务质量的提升　/　105

第一节　为学习型社会服务　/　105

第二节　促进与读者的交流　/　110

第三节　地方高校图书馆读者服务　/　117

第四节　网络环境下图书馆信息资源的共建共享　/　121

第五章　高校移动图书馆与移动服务　/　125

第一节　移动图书馆服务模式探讨　/　125

第二节　移动阅读环境下图书馆的转型创新和合作　/　138

第三节　移动图书馆服务交互模型的构建　/　146

第六章　高校智慧图书馆服务平台的创建　/　155

第一节　智慧图书馆的服务途径及其构建　/　155

第二节　智慧服务平台的构建　/　164

第三节　智慧图书馆情境感知服务模式　/　166

第四节　智慧图书馆馆员队伍建设　/　173

参考文献　/　177

第一章　高校图书馆的服务

第一节　高校图书馆概述

高校图书馆为高等院校图书馆的简称，是图书馆的一个类型，是为教学和科学研究服务的学术性机构，是学校信息化和社会信息化的重要基地。

一、高校图书馆的产生

（一）高校图书馆的形成

1. 大学的形成

现代大学起源于西方。大约在中世纪时，许多求知欲旺盛的学生长途跋涉，追随某一位博学导师，这样逐渐有相当数量老师和学生聚集在一起，并逐渐按照学术范围组成院系。由此形成了"大学"的雏形。这些大学最初受教会的控制，主要讲授神学、法学、医学。到了公元14、15世纪，文艺复兴运动兴起，学术风气空前活跃，大学的发展与文艺复兴相得益彰，大学的课程才逐渐摆脱了宗教的束缚。

中世纪以后的教育家大都把大学看成是"学者的社团"。19世纪,德国教育家洪堡创建柏林大学,目的也是想组织一个从全欧洲吸收成员的学者社团,通过对科学的探索而为民族的复兴做出贡献。在洪堡看来,大学不再是一般意义上的学校,那里不应再有教师和学生,而只有"独立的研究者"和"受到指导的研究者",他们都是探索高深学问的学者。洪堡指出:"教师的事业有赖于学生的参加,否则就难以有所成就。即使学生没有主动汇集于教师周围,教师也会去寻找学生。教师虽训练有素,但也因此易于失之偏颇和缺少活力,而学生固然不甚成熟,但成见较少,勇于探索,教师要实现其目标,就必须与学生结合。"[①]

在中世纪,欧洲有名的大学包括巴黎大学、波伦亚大学等。巴黎大学建于1150年,由神学院发展而来;波伦亚大学创立于1088年,创建之初以法律和医学两个专业著称。继巴黎大学、波伦亚大学之后,牛津大学和剑桥大学相继建立。到了16世纪初,整个欧洲已拥有70余所大学,这时的大学成为与教权、王权并立的三大支柱之一。

我国自办新式大学始于19世纪90年代末和20世纪初,如1895年创立的天津西学堂的头等学堂、1897年创办的南洋公学师范院、1898年创办的京师大学堂(北京大学的前身),以及1902年创办的山西大学堂。

2. 高校图书馆的产生

高校图书馆是伴随着大学的出现而产生的。西方国家早期的大学没有图书馆,教师一般都有自己的藏书,学生或是向老师借书,或是自己购买。随着大学规模的不断扩大,同一院系的学生组织起来共同使用一批书,有时还得到毕业生或赞助人的赠书,这样,高校图书馆就慢慢建立起来了。

早期,大学图书馆的藏书大部分都来自捐赠。例如建于1257年的巴

---

① 刘宝存. 大学理念的传统与变革[M]. 北京:教育科学出版社,2004.

黎大学索邦学院图书馆,就是在教父索邦捐献自己藏书的基础上建立起来的。之后,意大利、英国、德国、西班牙的许多学者也陆续捐款、赠书,还有很多作家把自己著作的原稿交给这个学院的图书馆保存,于是索邦学院图书馆成为巴黎大学最重要的图书馆。同巴黎大学索邦学院图书馆一样,牛津高校图书馆早期也是由捐书而建成的。英国著名私人藏书家理查德·伯里,将自己丰富的私人藏书委托给牛津高校图书馆保存和使用,为此,人们把他视为"高校图书馆的先驱"。托马斯·博德利利用自己做过外交官的经验从境内外搜罗了大批书籍捐献给牛津大学,他还拉来许多捐款,甚至成功游说伦敦图书出版公司给牛津高校图书馆上缴呈缴本。他建立的这一图书馆被称为"博德利图书馆",截至1620年馆藏书籍已达1.6万册,是欧洲最大的图书馆之一。又如当代规模最大的高校图书馆——美国哈佛高校图书馆(建于1638年),最初是在一位年轻的英国牧师约翰·哈佛捐献了400册书的基础上建立起来的,人们为了纪念约翰·哈佛的慷慨捐赠,以哈佛的名字为学校命了名。除了捐赠之外,高校图书馆还靠个人捐款、国家或者学术团体的资助来增加藏书。所以初期的高校图书馆规模都不大。直到15世纪末和16世纪初,印刷书籍大量出现后,西方国家的高校图书馆才开始较快地成长起来。

15世纪以后,欧洲著名大学几乎都拥有自己的图书馆。高校图书馆在欧洲的蓬勃发展,真实、生动地展示了图书馆在教育事业中的重要价值,图书馆不仅能承担教育功能,它们本身就可以成为教育事业的中坚力量。尤其到了19世纪,高校图书馆为图书馆事业确立了崇高地位的同时,也改变了大学教育的某些观念。许多大学的教育家承认,大学的心脏是图书馆,没有图书馆的大学无法被称为大学。1837年,哈佛大学法学院院长克里斯多夫C·兰代尔在给校长埃利奥特的一封信中提到:"学校里的很多事物都是可以替代甚至省却的,但没有图书馆,学校就会失去它最重要的特征，实际上也就失去了学校的个性。"① 当高校图书馆的作用得到充分发挥的时候，图书馆开始有了专职人员，饱学之士才能担当馆长的重任。

第二次世界大战以后，随着科学技术的迅猛发展，以及文献复制技术和计算机技术的广泛应用，西方高校图书馆也发生了巨大变化，产生了许多世界一流的高校图书馆，如美国的哈佛、耶鲁、哥伦比亚、斯坦福、芝加哥等高校的图书馆，英国的牛津、剑桥高校图书馆等。哈佛高校图书馆不仅是美国规模最大的图书馆，也是当代世界上规模最大的高校图书馆之一。

（二）我国高校图书馆的产生和发展

我国古代的书院图书馆，实际上就是中国封建社会独具特色的学校图书馆。"书院"之名起于唐代，是宫廷修书、藏书的地方。自宋至清，书院逐渐成为一种读书、讲学的教育组织。宋元时期书院图书馆建立的主要目的是为书院教学研究服务，这与西方古代的高校图书馆有很多相似的地方。

我国最早使用"图书馆"这一名称的是北京通艺学堂，它于1897年初设立并制定了章程。辛亥革命前后，西方科学文化开始传入我国，对当时文化教育的发展起到了很大的推动作用。这一时期，比较有名的高校图书馆有：1902年建立的京师大学堂藏书楼（北京高校图书馆的前身）；1908年建立的上海沪江高校图书馆和武昌文华大学文华公书林；1909年建立的北方交通高校图书馆；1910年建立的华西协和高校图书馆；1911年建立的清华学堂图书馆和南京金陵高校图书馆；1912年建立的北京医科专门学校图书馆；1914年建立的上海圣约翰大学罗氏图书馆；1915年建立的北京达成学堂图书馆、南京高等师范学校图书馆和金陵女子文理学院图书馆；

---

① 马家伟，杨晓莉，姜洋. 图书馆与图书馆学概论[M]. 长春：吉林科学技术出版社，2016.

1916年建立的私立福建协和高校图书馆；1917年建立的北京高等师范学校图书馆和武昌高等师范学校图书馆；1918年建立的上海交通高校图书馆和上海海洋高校图书馆等等。

中华人民共和国成立以后，我国的高校图书馆事业虽然经历了曲折坎坷，但在党和政府的重视和支持下，也得到了迅速发展。1987年，原国家教委颁发了《普通高等学校图书馆规程》，明确规定了高校图书馆的性质、任务、业务工作、领导体制和组织机构、人员组成以及经费、馆舍和设备等事项，对高校图书馆的发展起到了极大的推动和规范作用。

进入20世纪90年代以来，随着科学技术的发展，以电子计算机为核心的包括缩微、声像、信息、数字、网络、光盘、多媒体等技术在内的用以搜集、加工、存储和传递知识信息的先进技术手段在高校图书馆得到广泛应用，使高校图书馆的现代化建设水平有了很大发展。

高等学校图书馆作为高等学校的重要组成部分，担负着教学和科研的双重任务，是培养人才和开展科学研究的重要基地。根据教育部关于《普通高等学校图书馆规程（修订）》的要求，高等学校图书馆的主要任务是：建设包括馆藏实体资源和网络资源在内的文献信息资源，对资源进行科学加工整序和管理维护；做好流通阅览、资源传递和参考咨询工作，积极开发文献信息资源，开展文献信息服务；开展信息素质教育，培养读者的信息意识和获取、利用文献信息的能力；组织和协调全校的文献信息工作，实现文献信息资源的优化配置；积极参与文献保障体系建设，实行资源共建、共知、共享，促进事业的整体优化发展。开展各种协作、合作和学术活动。

高校图书馆与学院图书馆同属于学术图书馆。不同于研究图书馆专为某些专家、学者在特定领域研究之目的而设，高校图书馆为大学所附属的图书馆，其主要功能在于支援大学的教学与研究两项活动。在某些国家，高校图书馆亦为该国的国家图书馆，整合了国家的图书馆事业。根据馆藏文献范围划分，高校图书馆大体上可分成两类，即综合性的图书馆和专业性的图书馆。综合性高校图书馆和师范院校图书馆属于综合性的图书馆，多科性理工科院校图书馆和单科性院校图书馆基本上属于专业性的图书馆，它们只是在专业范围上有所区别。

二、高校图书馆的性质和特点

图书馆是一个属概念，有着很广的外延。高校图书馆是图书馆的种概念，是图书馆各种类型中的一个分支。图书馆包含了高校图书馆所有的属性，反过来，高校图书馆基本上也具备了图书馆这个属概念的基本属性。

（一）图书馆的性质

1. 学术性

图书馆工作是科学研究的前期劳动。图书资料是科学研究的条件和物质基础，不管是社会科学研究还是自然科学研究，在进行研究以前，研究人员都需要掌握丰富的资料，而资料最集中的地方，就是图书馆。因为图书馆完整地、系统地保存了记载有人类同社会、同大自然斗争的知识的图书资料。因此，科学研究的一个重要组成内容就是在图书馆查询文献资料，这些资料给科研人员提供了前人在某方面已取得的成就，使科学研究能够在这个基点上进行。图书情报工作也是决定科研水平的三因素（科学家队伍的研究能力、实验设备和图书情报工作效率）之一。所以，图书馆工作对科研有着很大的影响。

图书馆工作本身具有学术性。现代图书馆不仅从事"借借还还"这种简单的重复劳动，还从事复杂的脑力劳动。比如情报、信息的分析、加工、选择与处理，读者分析，读者研究，图书馆各种数据的统计分析，这都离不开大脑的思维活动。图书馆是知识生产部门，不是物质生产部门，它的很多活动是思维活动,是非重复的特殊劳动。图书馆的很多工作都有连续性、继承性、创造性等脑力劳动的特征。图书馆有大量的图书馆学专业人员,他们具有一定的学术研究能力,这也是图书馆具有学术性的原因之一。

2. 教育性

图书馆也是一个社会教育机构,它以图书为载体提供知识和信息,实现教育人的目的。革命先驱李大钊说过:"图书馆和教育有密切的关系,想使教育发展,一定要使全国人民不论何时、何地都有研究学问的机会。"[①]换一句话说,就是让全国变成一个图书馆或研究室,要想达到这种完美的教育,就必须依赖于图书馆。这充分表明,图书馆是具有教育性的。图书馆的教育性包括两个方面:对大众进行政治思想教育和对大众进行科学文化教育。

图书馆是政治思想教育的阵地。列宁认为:"图书馆和农村图书室,将在长时期里是对群众进行政治教育的主要场所和几乎是唯一的机关。"[②]在我国,图书馆的政治思想教育性表现在向读者宣传马列主义、毛泽东思想、邓小平理论、"三个代表"重要思想、科学发展观、习近平新时代中国特色社会主义思想,宣传党的方针政策,传播共产主义思想,帮助读者树立正确的世界观和进行社会主义精神文明教育等方面。

除了政治思想教育以外,图书馆还具有传播科学文化知识,进行科学文化教育的性质。利用自己丰富的馆藏资源,图书馆向读者宣传、提供图书资料,丰富读者的知识,提高读者的文化水平。图书馆是读者自学的场所。图书馆的各种工具书和丰富藏书为读者自修提供了很好的条件,读者可以针对自己在工作中碰到的问题进行学习。图书馆教育是一种社会教育,

---

① 杨佳莲. 论数字图书馆与学习型社会的同构 [J]. 科技情报开发与经济, 2006 (16): 41-43.

② 克鲁普斯卡娅. 列宁论图书工作 [M]. 北京: 时代出版社, 1957.

它对提高全民族、全人类的科学文化水平具有巨大推动作用,所以,即使在信息社会,图书馆的教育性也不会消失。

3. 服务性

图书馆业属于第三产业,第三产业为服务行业,因此图书馆有着很明显的服务性。

图书馆是一个服务性的机构,其服务的对象是广大的人民群众。每个具体的图书馆都有自己具体的服务对象、范围和方式。其主要是通过向读者提供图书资料、其他知识和信息载体、各种设备来为读者服务。

图书馆是一个全社会的服务机构,它的服务范围遍及社会的每一个角落,它为社会的每个人提供服务。图书馆事业是一种社会事业,与其他服务行业不同,图书馆主要是免费为读者服务,其提供的产品是非物质的,是知识产品、精神产品。

既然是服务性机构,那么图书馆工作人员就既要掌握较多科学文化知识、图书馆业务知识,熟悉藏书、读者,了解读者的需要,又要有良好的职业道德、全心全意为人民服务的思想、端正的服务态度。只有具备了这些,才能不断提高服务质量,积极主动地为读者提供服务,充分发挥图书馆在社会发展中的作用。

4. 社会性

图书馆作为一种社会设施,一个为公众提供文献资料的社会机构,具有鲜明的社会性。

1）图书馆是人类社会活动的产物

图书馆不是自然界给予人类的恩赐,它是在人类社会形成以后,人们在实践活动中,由于共同的需要而被创造出来的。这种创造是一种综合作用的结果,它既需要人们主观上的需求,也需要客观的物质条件。所以说,图书馆一诞生就带有人类社会的胎记。在社会发展的过程中,各种社会变革都在图书馆的身上打上自己的烙印。图书馆的形态也随着社会的发展而不断演化，在不同的社会形态中具有不同的形式特征。图书馆的活动同人的社会活动密切相连，因此图书馆具有鲜明的社会性。

2）图书馆事业和图书馆工作具有社会性特点

图书馆事业是一项社会事业，办好这项事业不是单靠哪个部门就能办得到的，必须依靠全社会的力量。图书馆工作的社会性，主要指的是资源共享的社会化趋势。现代科学研究的重大课题，往往具有综合性和多学科性等特点，这就要求广泛地组织文献信息资源，充分地实现地区、行业及至国家之间的文献信息资源共享。计算机技术与互联网技术为图书馆的社会化、网络化、全球化创造了条件，促进了图书馆事业组织的网络化和文献信息资源共享的社会化。

高校图书馆既不是一个独立的教学机构或学术机构，也不是一个行政机构或单纯事业性的服务机构；既不是一个以收藏为主的藏书楼，也不是一个以文化普及为主的文化馆，而是为教学和科学研究服务的学术性机构。这种提法，比较全面、准确地概括了高校图书馆的性质。

（二）高校图书馆的特点

1. 读者需求的稳定性

高校图书馆服务的主要对象是教师和学生，他们对教学图书的需求特点是由教学工作的特点所决定的。高等学校教育的重点是系统培养大学生的专业知识和技能，学校的专业设置、教学计划和课程内容体系都具有相对稳定性，这就决定了读者需求的稳定性，尤其是对专业核心课程教学主要参考书的稳定需要。

2. 读者用书的集中性和阶段性

高等学校的教学工作按教学计划和教学大纲进行，有统一的进度，这就容易造成读者用书的集中性，具体表现为用书品种的集中性和用书时间的集中性，导致文献保障的暂时紧张状况。而且，教学工作是分阶段展开的，开学、上课、考试、放假，一个阶段接着一个阶段有节奏地展开，读者对文献需求呈明显的阶段性，不同阶段，读者对所需文献的种类、范围和深浅程度都有显著的差别。

3. 藏书体系的专业性

高校图书馆的藏书体系具有专业性，它一般根据学校的专业设置、学科发展方向，结合地区或系统文献资源布局的统筹安排，全面系统地、有计划地收藏国内外专业文献和相关文献，建立起高质量、专业性强的馆藏文献体系，为满足教学和科学研究的需要、实现文献资源共享打下坚实的基础。

第二节 高校图书馆的功能与职能

一、高校图书馆的功能

图书馆一般有搜集、整理和提供图书三项基本职能。这是图书馆的本质属性的表现。根据这三项基本职能，我们可以把图书馆和其他机构进行区分。每一本图书都是有功用的东西，但又只有把图书集中起来，才能充分发挥它们的功用。图书馆就是集中图书的地方，它通过采购、交换，或是别人赠予的方式搜集图书，再运用编目、分类等方法对图书进行科学的整理，继而流通和出借图书，根据人们的需要提供使用服务。

高校图书馆依附于高校，因而高校这一母体的性质决定了高校图书馆必须为教学和科研服务。高校图书馆的主要任务就是按所在高校，即母体的要求去组织和提供专业信息资源，根据教学和科研的需要来收集和储存信息并为读者提供服务，从而满足教师和学生的阅读需要及情报需要。

（一）教育功能

众所周知，大学生在大学期间，按照学校的教育计划，在四年时间内只能学完本专业的基础知识和专业知识，而学生要想完善自己的知识结构，拓宽自己的知识面，提高自己的科学文化素养，就需要利用高校图书馆丰富的文献信息资源来进行自主学习。图书馆自主学习的方式不但可以弥补课堂教育的不足，弥补专业教育可能造成的人格危机与文化分裂；还有利于大学生按照自己的爱好、目的和方法去获取知识和信息，去判断各类不同的学术观点，使大学生在学习知识的过程中陶冶情操、开阔视野。这样不仅能提高大学生的自学能力、适应能力，而且也有利于培养大学生的个性特点和创新精神，让他们终身受益。进入21世纪以来，高校图书馆教育职能逐渐深化，教育范围不断拓展。在全面推进素质教育的新形势下，高校图书馆已经成为高校施行素质教育的重要阵地。当前，高校图书馆在培养大学生综合能力方面虽然有一些尝试性措施，但也存在一些问题。图书馆作为教育和服务的重要部门，应该努力思考和讨论究竟怎样才能真正培养出有创新能力的对社会有用之才。新时期高校图书馆可以从思想政治、科研、情报等方面来创新发展其教育职能。

（二）文化交流功能

随着高校之间学术交流活动的日益增多，原有的学术报告厅可能已无法满足日益增多的学术交流活动了。笔者认为，其实高校图书馆才是最好的学术交流中心，因为图书馆的学生流动量大，也是学校中学生人数最为集中的地方，涵盖了各个院系的学生，在图书馆举办学术交流活动可谓天时地利人和皆俱。我们还可以针对性地开设专题讲座，比如人文讲座或人文教育课，提高学生的人文素质，升华其思想；开设历史、文学鉴赏等讲座，让学生了解中国甚至世界文化的精髓，引导青年学生注重历史、正视历史，培养大学生的历史责任感和使命感；举办科研创新讲座，让学生了解国际国内科研发展的最新情况，培养他们的科学创新精神，激发学生的科研创新热情。这种学术交流不仅仅局限于请大师或名家、学校的老师，甚至学生都可以在图书馆的报告厅举行学术讲座。也就是说，一切愿意与人分享知识的人都可以申请在图书馆的报告厅做学术讲座。总之，我们不能让图书馆的报告厅有闲置的时候，要让高校的图书馆成为学术交流最活跃、最繁忙的场所，让广大师生天天能享有文化交流带来的乐趣，让活跃的学术交流活动带动广大师生热爱学习、热爱科研，营造浓厚的人文氛围。

（三）信息服务功能

信息化建设为新时期图书馆向广大师生提供信息服务奠定了基础。高校图书馆的服务是多元化、多方位、多层次的，多元化的服务要求我们创新服务种类；多方位的服务要求我们不仅对校内的广大师生，甚至包括社会上的机构或人员提供信息支持；多层次的服务要求我们针对不同层次的读者提供与之相适应的服务。为保障科研，我们可以为专家型科研人员提供主动的信息服务。我们要提高馆员的专业素质和服务素质，为尽量多的人提供尽量好的服务。总之，我们要创新服务手段，采取现代化的管理方式，满足不同层次的读者的各种需求，真正践行"读者第一"的服务理念。

（四）休闲功能

21世纪既是信息社会、知识经济社会，也是休闲社会，休闲已经成了现阶段人类生活的一项重要内容。所以，图书馆要与时俱进，顺应社会潮流，在努力完善原有功能的基础上，积极开发图书馆的休闲功能，以满足广大读者日益增长的物质和精神需求。开发图书馆的休闲功能具有以下现实意义。

1. 让枯燥的学习变得休闲起来

在大多数人看来，图书馆窗明几净、安静幽雅，是非常理想的读书场所。但是，当我们长时间泡在图书馆，学习累了需要放松的时候，却找不到可以放松的地方。如果我们能合理地开发图书馆的休闲功能，例如提供茶水、棋类游戏等，就能让读者很好地放松下来，让读者枯燥的学习变得休闲起来，实现读者在图书馆既能享受学习的乐趣又能享受休闲的乐趣。

2. 可以提高图书馆的人气

近些年来，图书馆人气不足已是有目共睹的现实，尤其是一些公共图书馆更是门庭冷落，出现这种现象的原因是多方面的，但肯定与图书馆欠缺休闲功能的设计有一定的关系。

3. 有利于促进图书馆的全面发展

在现代社会，人们除了学习和工作以外，还需要调节身心和休闲，这应该纳入图书馆的服务视线，图书馆也有条件、有能力这么做。其实，一些国外的图书馆早已经开始了这样的实践。积极开发图书馆的休闲功能，让图书馆变得亲切，这为图书馆走入人们生活，为图书馆的全面发展提供了广阔的空间。

（五）社会功能

大多数高校图书馆，其馆藏的文献信息资源——从传统文献信息资源到数字资源基本上都处于一种独自拥有、封闭式应用的状态，也即这些文献信息资源都只是服务于本校的读者。随着信息技术的不断发展，高校图书馆的数字资源所占比例不断增加，这为高校图书馆对外服务提供了可能。首先，我们要尽可能地加大信息资源共享的力度和广度。中国高等教育文献保障系统（China Academic Library & Information System，简称CALIS）的建立，为高校图书馆由封闭型向开放型、由单一获取信息的权利状态向提供信息和获取信息双重角色的转变奠定了坚实的基础。其次，高校图书馆要打破多年来只为本校教学科研服务的格局，转而拓展为向社会大众提供文献信息服务，其读者不仅是学校的师生，还可以是社会上的读者。信息服务的对象不仅是学校的师生，还可以是社会上的机构或人员，在为社会机构或人员提供信息服务的时候，还可以研究酌情收取一定费用的可行性，让图书馆的公益化和社会化协调发展。

二、高校图书馆的职能

在高等学校，图书馆只是其中的一个组成部分，它必须服从于高等学校的基本职能。高等学校的基本职能是贯彻执行国家的教育方针，为社会主义现代化建设服务、为人民服务，使受教育者成为德、智、体、美等方面全面发展的社会主义建设者和接班人。故此，高校图书馆应积极采用现代化技术，实行科学的管理，不断提高业务工作质量和服务水平，最大限度地满足读者的需要，为学校的教学和科研提供切实有效的文献信息保障。其主要的职能有以下几个。

（一）教育职能

在高等教育改革发展的不同阶段，高校图书馆的教育职能的内涵和外延也在不断深化与拓展。随着高等学校教育教学改革的发展，图书馆功能已逐渐从辅助教学转化为直接参与教学，成为师生获取新知识、扩充和调整知识结构的重要渠道，其教育职能主要体现在以下几个方面。

1. 配合思想品德教育

图书馆除收集、提供相关文献信息外，还采取多种形式配合学校有关部门对学生开展思想品德教育。如通过电子阅览室、校园网提供爱国主义和时事政治等方面的多媒体文献服务，以及图片展览、读书讲座、专题报告、书刊评介等活动，吸引学生阅读优秀书刊资料。

2. 配合专业教育

除课堂学习外，学生获得知识的重要方式之一是自主学习，图书馆是自主学习的主要场所，是课堂学习的延伸、扩展和深入。无论是本专科学生,还是研究生的培养都离不开图书馆。教师知识更新所依赖的文献信息,其来源也离不开图书馆。

3. 扩大学生的知识面

当代科学技术的发展速度惊人,近百年来的发明和发现比过去 2000 年的总和还要多。现代科学技术学科间相互交叉,只有通过综合教育,不断拓宽学生的知识面,提高学生的整体知识水平,才能使他们适应现代科学技术发展的需要。

4. 进行信息素质教育

信息素质,又称信息素养,这一概念于 1974 年由美国信息产业协会主席保罗·泽考斯基首先提出,是一种利用大量的信息工具及主要信息源,使问题得到解答的技术和技能。1983 年美国信息学家霍顿预测,计算机在信息时代将体现其潜在的价值,他建议教育部规划、督促学校开展信息素质教育,以提高人们对联机数据库、通信服务、电子邮件、数据分析及图书馆网络的使用能力。不久,美国各类学校开展了形式多样的旨在培养学生信息素质的教育课程与相关活动。

5. 有利于创建文明社会

党的十六大明确提出开展"全民阅读"活动,旨在加强建设学习型社会。高校图书馆作为"全民阅读"的主要场地,应响应党和政府的号召,开展社会化服务。英国在 19 世纪末就贯彻"读书城市"的理念,为此谢菲尔德大学积极开放图书馆供社会读者使用,至今在该校图书馆中仍然有 5% 以上比例的市民读者。

高校图书馆开展社会化服务有利于带动全民学习气氛,提高公民综合素质。高校图书馆作为信息传播的重要组成部门,应为相关产业发展提供信息帮助,带动经济的增长,促进文明社会的创建。

部分高校图书馆社会化服务,调动了社会读者参与阅读的积极性,增添了居民生活的乐趣,营造了良好的生活氛围。部分高校图书馆对外开放,使得诚信借阅广泛开展,有利于促进精神文明建设。

6. 促进企业良性竞争

高校图书馆作为信息集散地应当始终同社会发展联系在一起,适时更新馆内文献信息,为企业提供最新的咨询服务以保证社会的发展。

在信息社会中,信息在生产过程中具有决定性因素。高校图书馆馆藏资源富含大量科学技术知识,能够为企业提供最新咨询服务。部分重点高校图书馆通过开展合作,为所在区域发展出谋划策,为企业拓宽业务领域提供最新科技情报。例如企业在研发新产品的前期,可以通过高校图书馆的咨询,了解当前行业信息,根据有关情况分析企业所处形势,避免企业在未知领域出现走弯路的情况。

部分院校的高层次人才开展多个项目研究,取得很多研究成果,但缺少将其输送到社会上的平台。高校图书馆可以建立信息平台将研究成果推广,促进项目开发。例如中国海洋高校图书馆成立海洋专业研究委员会,建设有关平台,为海产品加工企业提供相关研究成果。

7. 促进与政府机关的合作

政府机关在施政和决策时需要掌握一定的社会信息,他们面临庞大的信息搜寻工作难题,信息分布在多个领域,零散而难以整合。政府部门的工作效率直接影响到当下社会的发展,相关研究报告、数据、总结需要专业文献资源作支撑,政府机关意识到高校图书馆具有较高的信息分析与处理能力,因此,高校图书馆逐渐成为政府的合作方。政府拥有的信息资源与高校图书馆的信息处理能力相结合,为高校图书馆社会化服务开辟了新的道路,为社会的发展和政府执政能力提升做出了巨大贡献。

8. 提高图书馆地位

高校图书馆开展社会化服务,一方面得到了社会读者的认可与支持,促进高校与当地文化的交流，逐步提升高校图书馆的社会影响力，创造良好的社会效应。另一方面促进图书馆工作人员不断扩大知识面，提高与社会合作的能力，优化工作效率，从而更好地开展社会服务工作。高校图书馆接触不同的社会读者，开展更多的合作渠道，可以不断加强社会影响力。例如通过校查合作，提供专业化咨询以增进与企业的交流；对农民和普通工人提供到家服务；针对不同层次、不同群体开展特色培训班等。

9. 提升社会教育职能

教育是一种以传授文化知识为核心的社会活动。狭义的教育，专指学校教育；广义的教育，则包括家庭教育在内的各种社会教育。图书馆历来就是一种重要的教育机构，古代的皇家图书馆和著名的图书馆，不仅是藏书万卷的场所，也是培养封建吏才的地方。在现代社会的教育活动中，图书馆教育有着更为广泛的意义。

图书馆作为一种基本的教育机构，还具有更广泛的社会意义。图书馆向社会所有成员敞开大门，是社会教育和学习的中心，是无墙的学校，是人们进行终身学习的重要基地。在高等学校里，图书馆是基本的教育设施，它被称为"大学的心脏""学校的第二课堂"，承担着培养人才的重任。图书馆这种社会教育的职能，主要是通过为广大读者提供丰富的馆藏资源、开展各种活动来实现的。图书是老师，书中所记录的系统知识是教育的内容，人们通过自学从中受到教育。图书馆丰富的文献馆藏，为组织社会大众学习开辟了广阔的天地。开展各种文化活动、咨询活动，可强化图书馆的教育职能。

开发智力资源，也是图书馆社会教育职能的重要体现。智力资源的开发有两层含义：一是开发馆藏文献资源。馆藏文献在一定时间里并不都能被读者全部利用，有许多文献长期放置在书架上无人问津，造成智力资源的浪费。图书馆及时、准确地揭示馆藏文献信息的内容,激活该类文献资源,提高文献信息利用率,开发了文献资源。二是开发读者的智力资源。图书馆通过各种创造性工作,开展丰富多彩的培训、讲座等活动,培养读者利用文献的能力和科学思维的能力,开发了读者的智力。

（二）文献流整序职能

文献的产生具有连续性和无序性两种特征。文献流是源源不断涌现的,这是指文献产生的连续性。文献的流向,从个体上看是自觉的、有目的的,但从整体上看则是不自觉的、无目的的、分散的、多头的,有时甚至是失控的,这就导致了文献的无序状态,主要表现为:社会文献的生产数量越来越大,增长速度越来越快;文献的内容复杂多变,交叉重复;文献所用语种扩大。这些都直接影响着文献无序状态的加深,使文献的流向更加分散。分散的一种图书、一种善本、一种期刊或一篇论文虽然有着一定的能量,但只有当它成为一个文献集合体的一部分时,才能充分发挥其潜在的能量。

图书馆的整序职能,通常是通过对馆藏文献的分类、编目、典藏等手段来实现的。整序的实质就是组织和控制,如果没有整序的职能,图书馆的性质就无法体现,图书馆也就失去了存在的价值。

（三）信息传递职能

1. 传递馆藏文献信息

图书馆通过编制的各种目录、题录等检索工具,向读者及时揭示、报道最新馆藏文献信息,以最快的速度将采集到的图书、期刊、光盘、数据库等文献信息传递到读者手中,使读者能够在第一时间获取相关馆藏文献信息。

2. 传递导向性文献信息

图书馆通过文摘、索引、综述、述评、书评等形式,向读者推荐内容健康向上，知识性、科学性、趣味性兼具的各种好书、好刊、好文章，开展导读活动，形成和坚持正确的舆论导向，既满足读者的各种信息需求，又符合时代潮流和科学精神。

（四）丰富文化生活职能

健康的文化娱乐活动是人类社会生活不可缺少的组成部分。利用图书馆是人们文化生活的重要组成部分，而且其方式灵活多样，因而更能引起人们的兴趣，更能全面地满足读者的精神文化需要。

图书馆是一所社会大学校，拥有丰富的文献信息资源。人们可以从图书馆借阅自己感兴趣的图书，也可以到图书馆借阅报刊，享受读书之乐。尤其是现代图书馆，不仅收藏传统的印刷品和开展一般的图书流通借阅，还配备有唱片、录音、录像、幻灯、电影、电视等设备和资料，举办各种活动，可使人们扩大眼界，增长见闻，丰富精神生活。

（五）搜集和保存人类文化遗产职能

图书馆作为保存民族文化财富的机构，担负着保存人类文化典籍的任务。世界上那些历史悠久的大型图书馆，都是保存人类文化遗产的宝藏。有很多国家甚至专门制定了保护文化遗产的政策法令和图书出版物的呈缴本制度。所以，搜集和保存人类的文化遗产，是图书馆不可推卸的社会责任。当今社会，图书馆要搜集、保存各种文化传播载体和人类创造的一切知识形态。随着人类社会的发展，图书馆搜集人类文化遗产的范围必将进一步扩大。

搜集和保存人类文化遗产的职能，是图书馆其他职能的基础。现代图书馆的保存职能，更多地体现在对文献的利用上，因为保存的目的是为了更好地利用。

第三节　高校图书馆的服务活动

一、文献提供服务

高校图书馆与公共图书馆一样，文献提供的主要方式也是阅览和外借。不过，由于高校图书馆用户的特殊需求，尤其是对文献资料的集中需求，经常要求高校图书馆要有一些较为特殊的文献提供方式。传统上，为解决集中需求的问题，高校图书馆通常采用短期借阅和馆内阅览的方式。短期借阅对需求量大的文献严格限制借阅期限，例如设置为 24 小时。馆内阅览是将需求量大的教学参考书集中起来，仅供馆内浏览。

20 世纪 90 年代以来，有不少图书馆都开始探索利用数字化手段解决集中需求的问题，希望将需求量大的文献数字化，再通过计算机网络传递给用户，以突破复本率和时空的限制。尽管这些研究已经积累了一定的经验，但到目前为止，教学参考书的大规模网上提供还是受到了版权许可和数字化技术的限制。另外一种常见的文献提供方式是即时文献，即高校图书馆从合作图书馆或商业化的文献传递机构为用户获取本馆未收藏文献的业务。传统上，这种文献提供主要采用邮寄的方式，但是现在已经有越来越多的文献开始采用电子传递了。

二、参考咨询服务

参考咨询服务，有的图书馆又称信息服务，是图书馆日常服务的重要组成部分。它经常处理的问题包括：有关图书馆使用过程的问题，如确定馆藏文献的位置、解决软硬件和网络的问题等；用户工作学习中遇到的问题，如人物、事件、统计资料、历史事实等。处理这些问题时，图书馆馆员通常需要在短时间内迅速地从各类文献中查出用户需要的信息或知识，并在综合分析后再提供给用户。有些图书馆也承担一些较复杂的调研或文献查询任务，如具体课题的文献综述和文献查新。

三、直接参与教学活动

传统意义上，高等学校图书馆对教学过程的参与和支持主要表现为为教学活动提供参考资料以及咨询服务。但是近年来，高校图书馆参与教学活动的范围日益扩大，对教学活动的支持也更为直接。当代图书馆经常通过以下活动参与教学过程：在馆内提供各种教学设施，如电脑实验室、视听室、研讨室等；提供教学空间，如教室，为那些需要在讲授过程中利用图书馆的课程提供便利；参与课程设计、远程教育、辅助通用技能的培养；参与开发计算机辅助教学课件。

四、社区服务

有很多高校图书馆还为所在社区提供一定程度的服务，例如在一定范围内向社区成员开放阅览馆藏，以及提供如复印服务的辅助性服务，或者是为社区内的企业提供文献查询或咨询服务等。

第四节 高校图书馆读者权利

一、高校图书馆读者权利的定义

"读者权利"的说法由来已久。1931年，印度图书馆学之父阮冈纳赞提出了著名的"图书馆学五定律"，其中就贯穿了读者权利的思想，奠定了读者权利问题的理论根基，促进了人们对读者权利的认识。

近年来，我国学术界和图书馆越来越关注读者权利的问题，"以读者为中心，全心全意为读者服务"已成为图书馆界的共识和自觉行动，"服务至上""读者第一"等口号的提出，就是尊重读者权利、重视读者服务工作理念的集中体现。

高校图书馆读者权利指的是高校图书馆读者为了解信息、获取知识、愉悦身心、促进个性发展，依照国家法律和图书馆规则的规定，以读者身份平等、自由地利用图书馆，阅读和利用文献信息资料，享用图书情报机构提供的各种服务，满足获取自己所需的文献信息需求的权利。

高校图书馆读者权利的实质是公民的信息自由权，是高校图书馆信息机构设立运转要实现的最终目标。读者与高校图书馆所发生的法律关系，包括利用高校图书馆的文献信息资源、设施设备以及接受图书馆各项服务和管理等的关系，目的是自由地利用高校图书馆各种资源，获取先进文化、科学技术信息和商业信息等。

所以，简单点来说，高校图书馆的读者权利就是读者利用高校图书馆资源进行自我教育的权利。维护和保障高校图书馆读者的权利就是在某种程度上保障高校图书馆读者的受教育权，从而促进知识的共享，促进读者的智力发展和社会进步。

高校图书馆读者权利的提出，是社会发展的必然产物。高校图书馆读者权利的提出，实际上也是对传统图书馆以藏为主理论的挑战，强调的是为高校图书馆读者服务的理念。

二、高校图书馆读者权利的内容

高校图书馆读者权利的内容是高校图书馆读者权利研究的核心，无论是有关高校图书馆读者权利的法律法规制定还是对读者权利的保障，都必须在明确高校图书馆读者权利的前提下进行。目前已被普遍认同的高校图书馆读者权利的内容大致包括以下一些。

（一）高校图书馆读者平等权

高校图书馆读者平等权，指的是高校图书馆读者拥有平等利用图书馆的权利，是高校图书馆读者享有的最基本的权利。这意味着高校图书馆读者在利用高校图书馆获取信息的活动中的起点和资格平等，任何高校图书馆读者不因年龄、性别、民族、家庭出身、财产状况、受教育程度、宗教信仰、职业类型和性质以及居住地的不同而受到不同的待遇，都有享受高校图书馆读者服务的权利，包括高校图书馆建筑和设备使用、信息利用、读者参与管理的平等权等。在任何国家和地方的图书馆立法都坚持了这样的理念。联合国教科文组织和国际图联也为这种公平利用图书馆的精神一直在努力。我国《宪法》规定，公民一律平等地享有宪法和法律规定的权利和承担法律义务，国家对所有公民的合法权利都平等地加以保护。

高校图书馆读者平等权包括以下的内容：

第一，高校图书馆读者有平等获取高校图书馆读者资格的权利，就是指只要是持有合法的有效证件并愿意遵守高校图书馆的规章制度的所有社会成员都可以获取该高校图书馆的读者资格，而不能将高校图书馆的读者限定在某一范围之内。

第二，高校图书馆读者在利用高校图书馆时应有的公平、公正获取文献信息的权利，主要是指读者与读者之间人格、尊严、身份、地位等基本权利的平等，读者与高校图书馆之间的地位平等，高校图书馆不以读者身份之别区分服务范围。

第三，高校图书馆读者平等权还包括高校图书馆读者能平等利用文献资源权，即高校图书馆读者能平等、自由地使用高校图书馆文献信息资源的权利。凡是高校图书馆馆藏的文献信息资源且不是法律禁止的，都要毫无保留地提供给高校图书馆读者，而不应有人为的限制或障碍。

也就是说，高校图书馆读者只要持有合法有效的证件并愿意遵守高校图书馆的规章制度，就不受其性别、年龄、受教育程度、职业类型和性质以及居住地的限制，都是高校图书馆的服务对象。高校图书馆读者可以平等地享受高校图书馆的各项服务，可以平等地使用高校图书馆的各种文献信息资源与相关设备设施。

（二）高校图书馆读者接受教育权

读者作为受教育者有权要求高校图书馆对他们进行培训，以提高他们获取有用信息的技能。终身教育的图书馆观念一直盛行，意味着人们可以而且应该被邀请参加各种形式的教育，获得他们最感兴趣的知识，发展自我，使自己成为活跃高效的个体。

高校图书馆读者接受教育权是指每一个高校图书馆读者都有接受情报意识、图书馆文献检索和使用能力的教育和培训的权利。《中华法学大辞典》指出：受教育权是指公民在国家和社会创建的各类型学校、各类教育机构和其他教育环境系统地、循序渐进地学习文化科学知识，提高自己文化素质的权利。我国《宪法》指出：中华人民共和国公民有受教育的权利和义务。高校图书馆就是教育机构之一，其作为教育机构存在的价值是为其读者提供有用的知识信息，其教育责任也正是读者应享受的一种权利。《普通高等学校图书馆规程（修订）》明确提出高校图书馆的主要任务之一是："开展信息素质教育，培养读者的信息意识和获取、利用文献信息的能力。"[①] 因此，高校图书馆读者的受教育权利应成为读者最主要的权利。

高校图书馆读者接受教育的权利主要表现为：高校图书馆为学生开设的文献检索课、讲座、新生的入馆教育、相关数据库的用户教育培训等。

---

① 普通高等学校图书馆规程[EB/OL]．（2002-2-26）[2021-12-20]．https://max.book118.com/html/2021/0419/7032023165003116.shtm.

文献检索与利用课主要是针对在校大学生以选修或必修的形式开设的，国家规定为30～50学时。目前，我国高校图书馆检索和文献利用教育并不普及。尽管我国高校为各院系学生开设的文献检索课一度在20世纪90年代初非常流行，但该课程普遍存在教材设计不能与时俱进，对检索利用图书馆知识的实用价值不大等问题，因此这种教育方式面临必然的改革，需要从一门注重理论的课程转变为一门注重实操的课程。所以，要使高校图书馆读者熟练地掌握检索方法和使用检索工具，使直接获取所需文献资源的可能性得以实现，高校图书馆就有义务提供让其学习文献检索和使用的条件，并让其根据自身的需要，选择合适的方式加以学习，从而提高其利用高校图书馆文献资料的水平。

除了专门的文献检索课程，读者还有权要求图书馆举办不定期讲座，以实现自己的受教育权。如高校图书馆在学位论文和毕业论文的写作期间，举办讲座帮助学生快速查找专业文献。

随着高校图书馆向现代化、数字化发展，其服务手段、服务方式都必须与传统高校图书馆有本质的区别。因而其教育手段也必须多样化，除了传统的入馆教育外，还应该充分发挥高校图书馆参考咨询部门的作用，充分利用现代化技术，实现网络在线教育，让高校读者有更广阔的受教育空间。

（三）读者借阅权

只要是持有图书馆合法有效借书证的读者，均有权根据图书馆的借书规则借出自己需要的书刊资料自由阅读，加深、补充和深化专业知识；有权使用图书馆阅览室的藏书，阅读有关书刊资料，扩大知识领域，完善知识结构。

（四）利用图书馆读书环境权

只要是持有图书馆合法有效借书证的读者，均有权利用图书馆的阅览室进行自学；有权利用图书馆的阅览设施进行科学研究、撰写毕业论文和进行毕业设计。

（五）向图书馆的采购部门建议购买书刊资料权

只要是持有图书馆合法有效借书证的读者，均可以依据学习、科研、阅读的需要向图书馆的采购部门建议采购所需要的书刊资料。图书馆有义务满足读者的阅读需求。

（六）向图书馆工作人员请求帮助权

读者在图书馆查找书刊资料，使用图书馆的阅览设施进行学习和科研活动时，如果遇到疑难问题，有权向图书馆工作人员求助。图书馆工作人员有义务帮助读者解决困难。

（七）批评建议权

利用图书馆的过程中，读者如果发现图书馆在工作方法、工作环节、规章制度等方面存在不合理、不通畅、不方便之处，有权建议图书馆改进工作，提高服务质量；读者如果对图书馆工作人员的服务不满意，有权提出批评、投诉。

第二章　高校图书馆的人文管理与发展

第一节　高校图书馆的人文管理

一、高校图书馆图书流通工作管理

在信息化快速发展的今天，计算机的普及和"一卡通"的使用已经大大提高了图书馆的各项管理水平，而图书流通作为衡量图书馆工作质量的重要指标，要怎样才能做好呢？

（一）完善书库管理是做好图书流通工作的前提

现在，各大高校图书馆的管理方式都实行了"超市化"，只要持有有效证件，读者就能入馆并在不同的书库间查找自己想要的图书。"超市化"的管理方式让高校图书馆从封闭走向开放，从重藏走向重用。实践表明，这种管理方式大大方便了读者，也提高了图书资料的利用率。那么，怎么才能更好地为读者提供优质的服务呢？

1. 营造舒适的阅读环境

阅读需要安静卫生、光线明亮、空气清新的舒适环境，为此馆内任何细节都应该从读者的角度来考虑。例如，书库内书架要标识醒目，图书摆放要合理，阅览处要配置一定数量的桌椅、垃圾桶，还要提供饮用水，书库门外也要清楚标明所藏图书的类别。另外，还可根据情况，适当配置复印机、打印机等，为读者提供有偿复印、打印服务。

2. 分科设馆，科学排架，便捷查找

有很多读者初次进入图书馆时都是比较茫然的，不知道怎么选择图书。高校图书馆除了按照图书编目分类以外，也可设置文理科馆，图书按照从上到下、从左至右的顺序摆放。读者无论是通过查询机查找，还是直接在现场查找，都能准确快速地找到自己所需要的图书资料。

3. 及时上架和调架，提高流通率

图书馆管理人员要及时将归还的图书和新进的图书上架，有时新书的上架，会遇到架位不够的问题，工作人员就应该及时做好顺架、倒架工作，相应架标也需及时更新，以便读者准确查找，以此来提高图书的流通率。此外，对知识更新较快的计算机类、会计类，以及政策、法律法规类的书籍，图书馆的管理人员应每年进行清理，可将拟下架的图书列成清单，上报领导审批，下架的图书以备用图书的形式馆藏。这样，不但可以合理利用馆藏空间，而且也能缩短读者的查阅时间。

4. 随时整架，提高排架率

图书馆的管理人员应该经常巡视书库，及时解决发现的问题。有的学生读者经常不将借阅图书归还原位，读完就随手乱放，还有的学生将喜欢的图书藏起来，以方便自己下次来馆更好地查阅。这些行为都会导致出现乱架现象，影响图书的利用。管理人员经常巡视书库，就可以做到随时整架，并督促学生养成良好的使用习惯。

5. 及时修补，提高利用率

有的图书，例如文学类，借阅率通常比较高，那么这类图书的损坏率也会比较高。图书馆工作人员若发现有需要修补的图书，要及时送到装订室，请专业人员修补。另外，有的图书磁条、条形码受到相应磨损及损坏，也会影响借阅，工作人员也应及时送到采编部处理，保证图书及时流通，提高图书的利用率。

（二）加强图书馆设备软硬件建设和管理是做好图书流通工作的基础

计算机数字化手段是高校图书馆现代化管理的重要方式。不过，在实行数字化的操作过程中，也会出现一些问题，首先是在借阅高峰期，电脑有可能出现死机现象，影响读者的借阅时间；其次是扫描仪使用过长时间，有可能误读条码，这种情况下，工作人员只能手动操作，影响读者借阅速度；再者可能出现安全监测系统不稳定的情况，监测仪时灵时不灵，增加工作人员的劳动强度。

1. 加强硬件建设

高校图书馆技术部要强化图书管理设备的增添和选购，同时要加强设备的更新和检修，对于经常使用的电脑、扫描仪和监测仪等进行定期维护和保养，确保设备能够正常运行。

2. 强化软件管理

高校图书馆技术部要定期对软件进行维护，包括软件更新和病毒处理。另外，还要及时发现问题，采取措施予以补救。

（三）加强读者管理是做好图书流通工作的关键

在图书馆的所有管理工作中，最为重要的是对人的管理。实际工作中，我们发现很多读者存在一些问题，这主要体现在两个方面。首先是读者不熟悉图书管理系统，特别是刚入校的新生，他们往往既不熟悉电子图书检索系统，也不熟悉图书分类系统，在馆内一般是盲目翻阅，经常导致图书乱架的现象。其次是学生之间相互借证的情况普遍，导致外借图书超期、损坏或遗失等现象,尤其涉及赔偿责任时,持卡人通常会怀疑是否是工作人员失误或计算机系统出问题,由此引起不必要的麻烦。

高校图书馆应该抓住新生入学的时期,引导学生了解和关注图书馆,可以编制印发类似《图书指南》的小册子,并且组织新生参观图书馆,让新生了解熟悉图书馆的整体布局,以及书库分类、网络检索、电子阅览等常识。根据图书馆新进图书,也可以举办新书介绍专栏,并借此向学生介绍新书检索方法。

(四)提高馆员工作能力是做好图书流通工作的保证

1. 加强职业道德教育,树立"读者第一"的思想

高校图书馆是信息、知识传播的窗口,是为广大师生员工提供信息服务的重要场所。只有全身心地投入图书馆工作之中,才能以主人翁的姿态做好工作,以高度的责任感发挥创造性和主动性,服务好每一位读者。因此,热爱图书馆事业,树立"读者第一"的思想是图书馆工作人员最基本的职业道德。

2. 培养"一专多能"的服务本领

图书馆工作人员的服务对象,除了本馆的读者以外,还有通过网络、电子邮箱寻求服务的读者。飞速发展的现代社会,信息交流早已突破了空间和时间的限制,图书馆只有充分依靠现代技术,才能发挥图书馆在信息化社会中的作用。所以,图书馆工作人员不仅要熟练运用计算机,掌握新的信息技术,还要不断获取最新信息给读者提供服务,如果具备一定的外语阅读能力,这样就能更好更全面地为读者提供服务。总之,要做好图书流通管理工作,图书馆工作人员尤其是管理人员不仅要有良好的设施设备作为基础,还要有先进的管理思想和科学的管理水平,通过电子化、数字化和一体化,实现人性化的管理。

二、高校图书馆人性化管理

人是社会的第一资源，人性化管理是当代改革创新、与时俱进的主导方向。高校图书馆人性化管理，表明了人力资源管理在图书馆管理中的重要地位。

（一）图书馆人性化管理的实质

所谓"人性化管理"，就是以人为本，采取符合人性的管理手段、管理方式、管理措施，在图书馆的管理和服务过程中，要以图书馆管理人员和读者为中心进行管理，包括人性化的基础设施建设、人性化的服务流程和服务方式、人性化的时间管理等，使图书管理人员与读者在一种愉快、舒适、友善、和谐、尊重等人性化的环境条件下学习和工作。

（二）高校图书馆实行人性化管理的意义

1. 实行人性化管理是人性社会化发展的需要

人类社会是不断进步的，从以前的经验管理升级为制度管理，再从制度管理进阶为现在的"人性化管理"，都是紧跟时代及当前社会发展的需要。人性化以前主要体现在服务行业，并且主要体现在被服务者方面。随着人性社会化发展，不管是管理者还是被管理者，服务者，还是被服务者，都有一种人性的自身需求和满足，图书馆作为不同人群的集中场所，自然也有人性的自身需求和满足。

2. 实行人性化管理是图书馆服务人性化发展的需要

在书籍和图书馆的历史中，人始终是最重要的因素。在图书馆诸要素中，人起着最活跃的决定性作用，人的素质也决定着图书馆工作的质量和效益，决定着图书馆事业的未来和前任。高校图书馆作为高校中的服务机构，为广大教师和学生提供服务，所以，不管是对图书馆服务人员，还是对读者，都需要加强人性化管理和人性化服务水平。例如，营造良好的空气环境，提供舒适的座椅，供给饮用水等，都是图书馆服务人性化的体现。

3. 实行人性化管理是以人为本的根本要求

长期以来，图书馆只侧重图书的管理，而忽略了关怀工作人员，强调工作人员服务读者，而忽视了工作人员的自身需求。人的尊重是很现实的需要，如果高校图书馆不能营造一个温暖的工作氛围，员工的精神需要得不到满足，工作得不到肯定，他们是肯定不能全身心地投入工作之中的。所以，实行人性化管理，不仅要考虑读者的感受，也要考虑工作人员的感受。

（三）实行图书馆人性化管理的途径

1. 基础设施人性化

图书馆基础设施建设是做好服务工作的前保障和前提。先进的设备，完善的设施，规范的管理，提供传统的书籍期刊等纸质文献和现代的电子文库等服务，既满足人们传统的阅读习惯的需要，又满足人们大量的信息资讯的需要。此外，还要不断改善图书馆阅读环境和工作环境。

2. 管理观念人性化

图书馆管理理念从"以文献为中心"转移到"以服务为中心"，构建"工作人员为读者服务，领导为工作人员服务"的管理和服务体系。在岗位设置上，要"因岗设人"，满足图书馆管理和读者需要，并根据员工特长和能力安排合适的岗位，因材施用。员工薪酬要符合岗位设置的要求，建立按劳取酬、同工同酬的薪酬制度。同时，建立合理的培训学习和职称评定等制度，激发员工积极向上、爱岗敬业。

3. 服务内容人性化

领导服务员工，员工服务读者，从根本上讲，最终还是通过图书馆服务于信息和知识的价值发挥。高校图书馆的服务对象是广大教师和学生。教师在高校中承担着教学、科研的双重任务，需要系统、专业、全面的服务，如国家级、省级以及校级精品课程所需的资料是不一样的。学生主要是完成学业和扩大知识面，不同时期的学生，他们所需要图书馆提供的服务也是不一样的。刚入校的新生，因为没有足够深的专业知识，查阅获取知识的意识及能力不够强，主要是熟悉了解获取知识和信息的途径与渠道；高年级学生已经学习了很多专业知识，求知欲也在增强，他们主要是以获取相关知识和信息服务于本专业的学习。高校图书馆就要根据不同读者的不同需求，提供不同的服务内容。

4. 服务时间人性化

读者的时间需求是图书馆服务时间的根本要求，员工服务时间要满足读者的时间要求，通常，高校图书馆除了寒暑假，其他时间都是开馆时间，节假日也会开馆。为了方便广大师生能随时借阅，图书馆打破了传统部门的工作时间安排。同时，为了保证员工在时间上的个人需求，图书馆实行员工轮班制，每天中午和晚上都有人值班，直至学生就寝，做到只要有学生在校，只要在作息时间范围内，图书馆就有员工在岗服务。别看只是每天那几个小时，便可大大满足师生的借阅需求。

5. 服务方式人性化

图书馆管理方式从以"图书馆藏为中心"转向以"服务读者为中心"，提供人性化服务方式是实现优质化服务的重要途径，由此，图书馆的服务方式由过去的"封闭式柜台"服务方式转变为"自选式超市"服务，读者可以在图书馆书库内任何一个书架上自由选取或阅读自己所需要的图书资料，并实行"多处选择、一处借阅"的方式,给读者提供方便快捷的借阅手续。实行人性化管理将是图书馆发展的一个持续话题，是高校图书馆提高管理和服务水平的必然趋势，是做好图书馆服务工作的重要途径。

三、高校图书馆绩效考核

绩效考核是实现管理目标的一种重要手段。通过绩效考核，员工可以了解自己在工作中的业绩及不足，促使员工不断提升自我、完善自我，激发员工的积极性、主动性和创造性，以此达到提高整个图书馆的运行水平和管理水平。但是，目前各高校图书馆实行的绩效管理，却存在诸多不合理的地方，这不仅影响图书馆的管理效率，也会影响员工积极性。

（一）当前图书馆绩效考核存在的主要问题

一提到绩效考核，很多人都会想到"年终考核""年终评比""年终总结"等，也就是每到年终时，大家写一篇年终工作总结，在会上读一遍，然后投票评选，选出"优秀""合格""不合格"不同等次。评定的结果往往是优秀等次轮流得，大多数人是"合格"，极少数或根本没人"不合格"。这样的考核基本上是流于形式，起不到任何激励的作用，馆员的积极性调动不起来，图书馆的工作效率也得不到有效改善。

1. 缺乏良好的沟通环境

图书馆实行绩效考核的目的是为了提高管理效率、工作效率以及对员工起到激励作用，故而，要求每位图书馆工作人员真正了解考核目的、考核制度、考核方法等内容，并做到理解与支持。但目前很多高校图书馆的考核形式都是理想化的、抽象性的，通常以文件的形式下发，有的规定和要求并不合理，工作人员也不是真心接受，造成规定与实际脱节，加之缺乏沟通、协调，这样就很容易引发员工的抵触情绪。

2. 缺乏科学的考核体系

要想真正做好绩效考核，使绩效考核在图书馆工作中发挥积极作用，科学的考核体系尤为关键。目前在图书馆的考核中，多数图书馆现行的绩效评价仅仅局限于"德、能、勤、绩"等抽象的规定和要求，并且考核要求也没有具体化。不科学的考核体系，让考核失去了应有的作用，不仅起不到激励的效果，反而影响员工的积极性以及对图书馆的认同感，直接影响了工作效能和考核效果。

第二章 高校图书馆的人文管理与发展

3. 缺乏科学的考核制度

高校图书馆肩负着学校知识信息服务的功能，是为全校师生提供信息服务的知识平台，这种服务体现在每位馆员的日常服务之中。而图书馆的绩效考核，大多都在每年年终时进行，平常一般不做任何绩效考核，这样就容易忽略平时的工作业绩。

（二）完善绩效考核的有效途径和方法

1. 营造良好的考核环境

图书馆绩效考核是图书馆的一个集体活动，不是哪一个部门或哪一个人能独立完成的，只有首先做好了良好的沟通，图书的绩效考核才能使所有图书馆工作人员遵照执行，并起到应有的效果。而营造良好的考核环境，主要应该做到以下几点：

1）加强领导班子建设，树立良好的馆风

图书馆管理的核心是图书馆馆长和各部门负责人，图书馆各项管理政策、制度的出台，离不开图书馆管理层严谨的工作作风和雷厉风行的执行力。同时，馆长和部门负责人要团结一致、精诚合作，维护图书馆服务大局，严格要求、公正合理，在全体馆员中做好表率，以此来提高工作人员的凝聚力，保证绩效考核的公平与公正。

2）深入基层，统一思想

图书馆绩效考核不仅仅关系到图书馆的管理效率，也与员工的切身利益息息相关。故而，在实行考核前，图书馆领导要组织全馆员工认真学习并深入理解绩效考核的意义，使员工明白考核的作用，与所有人达成共识。此外，领导要根据本馆的自身特点，制定符合本馆实际的考核制度。深入不同岗位实际考察，和一线工作人员深入沟通，了解各岗位的工作特点、要求，听取他们的意见和建议，并以此作为制定绩效考核方案的依据。

2. 制定科学的考核体系

科学、切合实际的考核体系是做好图书馆绩效考核工作的基础。现在绩效考核的方法有很多种，例如权重计分法、KPI平衡计分法等，每一种考核方法都有自己的优势和不足。故此，高校图书馆在设计考核体系时，一方面要根据本馆的特点，以及本馆的工作要求、发展目标，制定适合自身运行和发展的考核指标；另一方面要从微观上根据各部门及岗位设置、人员素质和工作量的不同，制定有差别的考核指标，这就要求考核指标细分并量化。另外，还需要针对员工的差异性和个性特点制定考核要求，不同的员工在绩效考核上存在差别，这种差别的形成一般与员工本身的知识素养、工作能力、工作态度、职业道德等有密切关系。所以，在制定考核体系时，既要涉及团队要求、岗位要求，又要涉及个人要求。这样，通过科学的考核体系和考核机制，来实现调动员工的团队精神和个人积极性、主动性和创造性。

3. 建立严格的考核制度

绩效考核制度是考核工作中的关键。高校图书馆绩效考核制度包括考核机构的建立、考核方法的规范、考核信息的反馈、考核奖惩的兑现几个方面。

1）考核机构的建立

考核有没有公正性、科学性，除了科学的考核体系外，也应有合理性的考核机构。考核机构应由图书馆领导、部门主任、基础员工共同组成。图书馆领导是图书馆各项工作的决策者和制定者，了解各部门工作情况、人员情况，发现绩效考核中出现的问题能及时做出调整；部门主任在图书馆领导与员工间起到桥梁作用，在工作中能起到指导作用，在管理上也能代表员工向领导提出建议和意见；基础员工参与绩效考核，目的是让员工了解整个绩效考核的过程，增加考核的公正性和透明度。

2）考核方法的规范

考核方法的规范主要是指考核技术与考核时间等。考核时间是依据考核项目的质量来定的，例如书架整理和网页动态维护等日常管理工作，考核小组可以随时进行日常考核，以增强考核的真实性。一旦确定了考核时间，考核小组就要严格执行，让员工知道考核的严肃性与真实性。

3）考核信息的反馈

考核信息的反馈是考核小组与员工沟通的重要形式，是一个双向沟通的过程，使被考核者了解自己在工作中存在的优点、问题及差距。对优秀员工给予鼓励，以激励他们在日常工作中的积极性；对考核不合格的员工，诚恳地分析他们的不足，以便他们在以后工作中进行改进。

4）考核奖惩的兑现

考核奖惩的兑现是绩效考核过程的重要环节和考核目标实现的重要手段。绩效考核成绩是对每位员工整体工作效果的体现。故而，考核要与员工的切身利益紧紧联系在一起，如工资调整、职称职务的晋升、外出培训学习等，这样才能真正达到考核的目的，发挥考核的积极作用。

只有通过建立合理、科学的考核体系，以及良好的考核环境、严格的考核制度、有效的考核机制，才能保证考核目标的实现，起到考核效果，图书馆工作人员才能在各自的岗位上尽职尽责，充分发挥其工作的主动性、积极性和创造性，更好地做好图书馆服务工作。

第二节　高校图书馆的工作发展

一、高校图书馆的导读工作

高校图书馆是基础文献、实用技术、科技情报等信息资源最集中、最丰富的地方之一。而且，图书馆还拥有先进的电子阅览室，是获取知识、信息的主要地方。面对浩瀚的知识和信息的海洋，很多高校学生无所适从，入馆后不明白自己要找什么，或是怎么去找，或是到什么地方去找。作为高校图书馆，怎样充分发挥图书馆的效能，这除了做好日常服务和管理以外，围绕学生开展图书馆资料情报信息的导读就显得特别重要。

（一）做好图书馆导读工作的重要性

1. 做好导读工作，可以培养学生良好的阅读习惯

高校学生的大学生活丰富多彩，相较于之前高中的时间紧张，在大学期间，学生拥有更多可以自由支配的时间，尤其是刚入校的新生，他们需要适应新的学习环境。这个时候，高校图书馆针对他们展开导读工作，引导新生了解图书馆的图书分类和馆藏信息，介绍有关专业资料情报信息，让他们了解不同专业领域、不同学科的动态，不但能增长他们的知识面，也能帮助他们逐步养成获取知识信息的良好习惯。

2. 做好导读工作，可以提高学生阅读效率和阅读质量

图书藏量和知识信息的快速积累与更新，造成了巨大的文献信息量与有限的阅读时间之间的矛盾，怎样才能有效解决这种矛盾？通过信息梳理，高校图书馆为学生提供良好的导读指导，针对不同情况，将新书、好书和有关信息推荐给学生，这样可以大大缩短学生的查找时间，从而能更快地找到自己想了解的书籍和信息，在一定程度上提高学生的阅读质量和阅读效率。

3. 做好导读工作，可以增强学生的求知欲

大学生在校学习期间，学习专业性知识比较强，且主要是以课堂教学为主，如果只满足于课堂的知识内容，很可能抑制学生的个性发展和影响知识结构的形成，尤其是容易使学生逐步失去对学习的兴趣。如果高校图书馆能够针对学生不同的阅读倾向，提供不同的阅读信息，同时不断推出

新的信息点，将会有利于学生根据自己的爱好和兴趣，以及所学专业有选择性地阅读。同时，不断接触和了解新的知识与信息点，开阔视野，激发灵感，激励大学生的求知欲望。

（二）当前大学生阅读现状

通过对大学生在图书馆资料查阅、图书借阅，以及电子阅览室浏览等观察，笔者发现有相当一部分大学生在怎样获取自己想要的图书和知识信息时，有比较大的从众心理和盲目性，主要表现为以下几点：

1. 获取信息的主动性不强

一些刚入校的新生，对知识信息的关注点还习惯于停留在书本上，对如何利用图书馆获取知识途径还缺乏应有的意识。高年级学生对知识的关注点主要表现在所学学科及相关知识上，也缺乏对知识信息的主动获取，往往到了要写毕业论文时，他们才开始重视这个问题。

2. 获取信息的渠道不熟

有不少大学生走进图书馆时是茫然的，他们面对大量的图书，根本不知道怎么才能既快又准地找到自己所需的信息。这主要表现在三个方面：一是不熟悉图书馆图书分类系统，很难直接快速地找到自己所需要的资料；二是不熟悉图书馆电子图书检索系统；三是不熟悉怎样利用网络专题数据库检索信息资料等。

（三）如何做好图书馆导读工作

1. 抓住新生入学时期，引导学生关注和了解图书馆

首先是编制印发《图书馆利用指南》这样的小册子，让入校新生人手一份。其次是组织新生参观图书馆，让新生了解和熟悉图书馆的整体布局，学习书库分类、电子阅览和网络检索等相关知识。

2. 开展信息专题活动，提高学生参与的兴趣和能力

首先是结合大学生在利用、查找图书过程中存在的具体问题开展专题

讲解。其次是成立各种信息活动小组，例如大学生读书社，举办"图书漂流""世界读书日"这样的活动，来提高学生参与的兴趣和能力。

3. 举办专栏发布信息，提高学生感受信息的敏感度

首先举办新书介绍专栏，同时介绍新书检索方法。其次是根据科技创新领域的进展情况，发布新的知识信息点。再次是根据网络信息更新，有筛选性地发布新的信息点。

4. 引入网络专题数据库，提高学生把握知识信息的深度

首先是根据学生所学专业，组织开展毕业论文撰写活动。其次是根据学生兴趣，组织开展兴趣主题论辩活动。再次是学校向学生全面开放中国知网数据库，为学生提供更专业的知识信息平台。

二、影响高校图书利用的内部因素分析

图书利用率的高低直接反映出图书馆为广大师生服务的水平。影响图书利用的因素有很多，包括社会因素、读者自身因素、图书馆工作因素等。社会因素、读者自身因素是影响图书利用的外部因素，图书馆工作因素则是影响图书利用的内部因素。在相同的外部条件下，不同的图书馆在图书利用率方面存在很大的差异。例如有不少高校图书馆较早实现了网上查询、网上预约图书等等现代化技术手段，图书馆为学院教学、科研提供最新、最快信息的服务，真正成为信息管理中心。另外在图书馆管理手段上也较早实现了"一卡通"管理，以其集信息全面、操作简单、使用方便的优势，满足读者的个性化服务，促进学校现代化管理水平，提高工作效率和服务质量。而有的图书馆，还只是停留在传统的图书借还这样的工作上，这与图书馆领导的管理理念、管理方式、管理能力、工作人员职业素质、馆藏情况等紧密相关。认真分析影响图书利用率的内部因素，积极改进不足之处，提高图书利用率，有着极大的现实意义。

（一）图书管理工作者

人是社会各类资源中的第一资源。高校图书馆肩负着学校知识信息服务的功能，是为全校教师和学生提供信息服务的知识平台，这种服务体现在每位馆员的日常服务中。在影响图书利用的内部因素中，图书管理工作者起着重要作用。影响图书管理人员的主要是职业道德和思想因素。

1. 职业道德

一个合格的图书馆馆员，必须要热爱图书馆的服务工作，全心全意为读者服务。在图书馆各个岗位服务中，具备不同职业道德的馆员，提供的是不同的知识服务。由于图书馆员自身感觉没有受到重视，日复一日的做着枯燥的工作，致使馆员产生职业倦怠，失去创新意识和服务意识，同时也失去工作热情。在工作过程中找不到自我价值，因此"做一天和尚撞一天钟"的思想日益严重。

2. 思想因素

在传统的图书借阅服务中，仅仅存在你用我借的模式，同时图书管理人员的日常工作只是整理书架、打扫卫生、办理借还手续等。因此，图书管理人员也就存在自卑心理，这种心理导致工作人员思想上对图书管理工作的松懈。

（二）图书馆藏情况

图书馆藏的数量和质量直接影响着读者的服务体验。近些年来随着市场的不断变化，很多高校为培养适用型人才，各院系的专业也在做出相应调整。原有的图书馆藏书已不能满足目前在校师生所学专业知识的需求。

1. 专业藏书的更新换代

以传统的会计专业、文秘专业、畜牧兽医专业、计算机专业为例，其中，会计专业、计算机专业的知识几乎每年都在更新，文秘、畜牧兽医等专业逐步淘汰。而建筑设计、室内设计装潢等目前热门专业书籍缺乏。这时图书馆就面临着馆藏书及时更新和下架的问题。

2.载体的单一也是影响读者利用的因素之一

计算机技术的普及给图书馆工作带来多方面的重大变革。如利用电子图书特有的性质，其优点已被大家所共识。它可将文字、声音、图像等单一形式变为多媒体视、听、读的多维形态，将图片、文字等各种载体的文字整合起来，在表现手段方面具有极大的灵活性和多样性。而这一切需要各种载体的声像、文字、磁介质材料等为基础。因此，非纸质图书的不足，影响网络环境下图书的利用。

（三）图书的利用方式与手段

图书的利用方式与手段是影响图书利用的重要因素。图书利用的方式有主动利用和被动利用两种。传统的利用方式是"你用我借"，图书馆员的服务仅限于借借还还的手续办理上。被动利用的技术含量低，读者只需找到自己所需的书，管理人员办理好借阅手续即可。这种"你用我借"的服务方式，不能最大限度地发挥图书馆在高校中的信息服务功能，同时也不能满足当今社会读者对信息密集高速的要求。图书作为一个重要信息来源，本是一个动态的信息源，如不加以开发，就会处于静态之中，信息价值低。主动的利用方式主要是图书管理人员通过各种方式及渠道将最新的信息第一时间传递给读者。

主动利用与被动利用的区别在于：被动利用受读者的需求限制，读者有需求，则图书被用，无需求则图书无用，因为读者不知道有没有自己需要的书籍。主动利用的方式可以改变这一状态，通过做好图书的导读工作、网上发布等，不仅可提供给读者想要了解的信息，变被动为主动。这一利用方式可大大地提高图书的利用效率。

图书利用手段的现代化是提高图书利用率的重要因素。目前大多高校图书馆已采用软件系统实行自动化管理，建有网络服务一级站点，建有现代化电子阅览室。图书馆与数字化校园联网,与校园一卡通对接,刷卡管理,一卡完成图书馆所有业务。但是,由于读者对信息量需求的与日剧增,为了保证书籍和信息的正常流通,大多图书馆都是采用限借数量的办法。这样,严重的影响了图书的利用。

图书馆只有实现了馆藏资源数字化、利用网络化、管理现代化、业务标准化、服务人性化,才能提高图书的利用。

三、高校图书馆员职业道德建设

随着信息技术在图书馆的普及应用,传统图书馆正朝着自动化、信息网络化、数字化方向发展。图书馆员职业道德与读者服务的要求也朝着更高要求发展。2002年,中国图书馆学会向全国正式发布了《中国图书馆员职业道德准则(试行)》,这是我国图书馆员和信息服务从业人员职业道德建设方面的第一部指导性文件。它的颁布,结束了中国图书馆界无统一的图书馆员和信息服务从业人员职业道德准则的历史,填补了我国图书馆界职业道德准则的空白。这标志着中国图书馆职业道德建设发展到了一个新阶段。

(一)加强图书馆员职业道德建设的意义

职业道德是从事各种职业的人在工作中思想行为方面所遵循的行为规范和准则。图书馆员职业道德又不同于其他职业道德,图书馆职业道德是指图书馆全体工作人员在图书馆活动的全过程中完善自身素质和协调图书馆内外部利益关系的善恶价值取向,以及在行为上遵循的伦理原则和道德规范、道德情操、道德准则的总和。作为一个合格的图书馆员,必须热爱图书馆的服务工作,全心全意为读者服务是图书馆人员最基本的职业道德要求。在图书馆各个岗位服务中,具备不同职业道德的馆员,提供的是不同的知识服务,一个具有职业道德的图书馆员无论在图书馆的哪个岗位,都会尽最大努力带给每位读者舒服的工作环境、愉快的阅读心情。因此，加强图书馆员职业道德建设，对提高图书馆整体形象及服务质量具有重要的意义。

（二）图书馆员职业道德与读者服务扫描

1. 主人翁意识不强

在追求经济效益的当今社会，图书馆现实的社会地位和物质待遇给图书馆员带来巨大心理落差。在人才自由化的今天，很多图书馆存在"同工不同酬"的严重现象，这些都是导致图书馆人员在工作中没有主人翁意识的主要原因。

2. 服务意识欠缺

由于图书馆员自身感觉没有受到重视，日复一日的做着枯燥的工作，致使馆员产生职业倦怠，失去创新意识和服务意识，同时也失去工作热情。在工作过程中找不到自我价值，因此工作上"做一天和尚撞一天钟"的思想日益严重，主动服务的意识就很少存在。

3. 整体职业水准欠佳

在现实工作中，图书馆在社会及学校中所处的地位低，加上领导的不重视、在同事看来谁都可以做的工作及部分学生对图书馆理人员的不尊重，很多图书馆员长期在这种环境下养成了自卑、懒散、松懈的态度，造成服务质量不高，平时工作只停留于整理书架、打扫卫生、借借还还等工作上，整个图书馆精神面貌及状态有待提高。

（三）提高图书馆员职业道德的主要途径

1. 建立人文关怀环境

随着生活水平的不断提高，人们不仅仅追求物质生活，对精神生活的要求也越来越高。目前图书馆工作人员文化层次提高，对所从事的工作中获得的成就感、认同感、尊重感越来越重视。因此，作为高校和图书馆领导，应站在馆员的角度，了解馆员的需求及个人能力，知人善任，让馆员在实际工作和生活中感受到良好的氛围。如为馆员在职培训、参加学术交流、职称晋升等方面提供方便，感觉到领导的关心与关爱，渐渐使馆员能以这份图书馆工作为荣，把自己置身于主人翁的位置。这样图书馆的整个团队精神面貌就会焕然一新，工作效率也会上一个新台阶。

2. 岗位之间相互轮换

每个人的工作能力和工作经验都是在实际工作中锻炼出来的。图书馆工作是一项复杂的综合性工程，每个部门和岗位之间存在相互依赖和制约，相对独立又相互牵连，根据实际工作，一年或两年进行岗位轮换，可以促进馆员之间对彼此工作的了解，更重要的是，馆员为了尽快适应新岗位就会从各方面严格要求自己，并努力学习新的知识，从而在工作中提升自己。因此，实行岗位轮换制，是馆员能力和经验提升最简便最有效的途径。

3. 建立激励机制

良好的激励机制能提高人员的工作激情，是激励者发自内心的动力。比如，情感上的激励，领导通过从思想上、工作上、生活上关怀员工，让员工从心里感受到集体的温暖。让员工真正感到图书馆就是自己的事业，自己是图书馆的参与者，而不是旁观者，从而唤起他们的使命感、荣誉感、责任感，积极主动的去完成自己工作。

第三章 高校图书馆的新型服务模式

第一节 高校图书馆的信息服务

一、高校图书馆的信息服务职能

2015年教育部印发的《普通高等学校图书馆规程》将高校图书馆定义为"是学校的文献信息资源中心，是为人才培养和科学研究服务的学术性机构，是学校信息化建设的重要组成部分，是校园文化和社会文化建设的重要基地。图书馆的建设和发展应与学校的建设和发展相适应，其水平是学校总体水平的重要标志"；对高校图书馆的主要职能，则表述为"图书馆的主要职能是教育职能和信息服务职能。图书馆应充分发挥在学校人才培养、科学研究、社会服务和文化传承创新中的作用"。《普通高等学校图书馆规程》明确提出了高校图书馆的信息服务职能，要求图书馆积极参与学校人才培养、信息化建设和校园文化建设；积极参与各种资源共建共享，发挥信息资源优势和专业服务优势，为社会服务。

二、高校图书馆的服务宗旨

传统的高校图书馆服务模式是被动的，主要依靠已有的设备和图书资料为老师和学生提供信息服务，手段主要是收集、整理、收藏实质性的图书、报刊等资料，以资料为依托被动接受师生提出的各种检索目录、参考咨询服务，为师生找到其所需资料。进入知识经济时代，互联网和移动技术迅猛发展，信息交流突破时间和空间的限制，电子图书、数字资料的出现，使图书馆的资料不再具有独有性和垄断性。高校图书馆要发挥作用必须紧跟时代步伐，改变过去封闭、单一、被动地为师生服务的模式。

时代的发展给高校图书馆提出了新的要求，高校图书馆的发展进入了飞速发展的快车道，但是它的宗旨并没有改变，仍旧还是信息服务，借助新媒体环境下的技术和手段，一方面继续收集、整理、输出知识；另一方面建立学科服务团队，针对用户的需求，研发学科服务信息向用户共享。

高校图书馆发展历程既是高校发展历程的一部分，也是社会发展历程的一部分。图书馆的宗旨就是信息服务，图书馆信息服务的发展历程也是高校发展历程的一部分，它本身就是一部社会史。高校图书馆信息服务的发展与图书馆自身的发展、高校的发展、社会进步和发展紧密相连。高校图书馆信息服务的发展是随着社会发展而发展的，跟随社会变化而不断得到完善和发展，它符合社会发展的一般规律，既有相对的稳定性，又不断发展变化。无论高校图书馆如何发展和变化，全心全意为读者服务这一始终如一的宗旨没有改变。

三、高校图书馆信息服务的发展特点

（一）信息服务理念发展的特点

第三章 高校图书馆的新型服务模式

1. 知识服务的理念

当前高校图书馆已经脱离了过去被动的松散型服务模式，开始有针对性、目的性地研究开发学科服务，借助网络和新媒体积极搭建学科信息平台，为广大师生和科研管理人员提供信息服务。高校信息化服务建设伴随着数字媒体的发展壮大经历了萌芽、产生的初期阶段，现在已经进入了快速发展阶段。为了满足学科服务，改变过去被动服务的方式，图书馆需要加大研究力度、强化主动服务功能，满足用户的多层次、专业化的信息需求。

高校图书馆过去的信息服务只是以简单地向用户提供需求信息为内容的信息传播过程，而今的知识服务则是立足于学科服务团队为用户提供学科服务内容而搭建形成的知识生态系统，它的复杂程度是过去所无法比拟的。作为知识生态系统是围绕知识流转进行一系列知识的生产、传播、整理、更新、组织、检索、接收、存储和利用的过程，是从各种信息、知识资源中有针对性地将知识提炼加工的过程，它的针对性和服务性更强，是针对不同用户的需求，提供个性化、定制化的服务。

2. 竞争的理念

新媒体环境下，信息交流突破了空间和时间的限制，电子图书、数字资料的出现使图书馆的资料不再具有垄断性和独有性，用户可以随时随地快捷方便地通过网络获取信息，高校图书馆也不再是查询资料的唯一选择，失去了垄断地位的高校图书馆被推入市场竞争的行列，面临着被选择的局面。"穷则变，变则通"，高校图书馆虽然是在社会发展大环境逼迫下进入市场竞争的，但作为传统信息来源的服务主体，它具有深厚的基础条件和优势，在自己熟悉的领域可以很容易地迎头赶上，只要借助新媒体技术和手段，结合掌握的知识信息资源，就会重新站在竞争者的前列。

3. 扩大培训的理念

移动技术和网络技术的应用和发展，大大改变了人们的生活习惯，也打破了传统意义上空间和时间的限制，把很多不可能变成了可能，人们生活在一个屋檐下，住在同一个地球村。传统意义上的信息服务和培训市场因为受到空间和时间的限制在逐渐萎缩，借助网络和移动平台的信息服务及培训市场理论上可以扩展到世界的任何地方。高校图书馆在做大服务市场的同时要站在更高的起点上规划信息服务和培训的方案，并研究制定出与之相适应的培训体系。

（二）信息服务手段发展的特点

1. "一站式"服务

在新媒体的环境下，利用市场上成熟的信息平台和软件技术，结合高校图书馆知识资源搭建为学科服务的知识产品。提交服务需求，所有的用户都需要通过图书馆的信息服务平台进行，这样就可以由图书馆学科服务团队有针对性地完成用户的需求任务，再经过信息服务平台反馈给用户，完成"一站式"服务。

2. 即时性

在新媒体的环境下，利用移动技术和网络技术开发的产品和技术，打破了传统意义上信息传输的时空限制，微信、微博、图书馆主页、QQ在线咨询等方式可以为用户提供全方位、全天候的信息服务。

（三）信息服务方式发展的特点

1. 简易化

在新媒体的环境下，利用移动技术和网络技术开发的软件及平台，打破了过去技术开发单打独斗的局面，高校图书馆可以利用市场上成熟的应用平台和软件，处理庞大的数据信息，将专业性强的数据处理、数据库通过现成系统加以解决。通过信息服务平台将信息输出，用户只需要简单操作就可以获得自身所需要的信息。

2. 个性化

在新媒体的环境下，高校图书馆针对用户的不同需求提供个性化、有针对性的信息服务。针对不同用户的不同需求，图书馆要开发出不同的服务产品以满足用户的需求，产品越来越向着精品化、个性化的模式发展。

3. 商业化

在新媒体的环境下，高校图书馆打破了传统意义上封闭的、被动式服务，把所有的资源开发变成一个社会性的、开放性的、主动服务的信息平台。走出高校，图书馆面对的是不同类型的用户，市场行为需要商业化的运行机制，图书馆的高投入需要高产出，高产出需要高回报，这是符合市场规律的。

四、高校图书馆信息服务的发展阶段

图书馆的信息服务经历了传统文献的信息服务、复合图书馆信息服务、数字时代图书馆信息服务阶段，正在向泛在图书馆（随时随地）服务阶段发展。

20世纪70年代，计算机作为管理手段被引入图书馆进行目录检索，能够为读者更快地找到所需要的书目，标志着图书馆服务脱离了纯人工状态，开始进入自动化发展的初级阶段。在这一阶段，图书馆计算机管理集成系统开始投入使用，其基本模块是图书采购、编目、流通、期刊管理、书目查询等，初步实现了让读者利用计算机查找所需资料业务的自动化管理。一些图书馆还建立了计算机协作网络，如联机编目网络等。各个国家和地区开始制定自己的目录标准，开发目录查询索引管理系统。

20世纪80年代中期，计算机网络技术迅速发展，图书馆也开始使用局域网为用户提供服务，给读者提供网上信息。20世纪80年代末，图书馆开始使用CD-ROM光盘数据库作为存储介质，为用户提供信息服务。90年代初，兴起了互联网信息服务，图书馆服务也随之实现网络化、数字化，进入数字信息服务时代。数字图书馆服务呈现出一系列的新特点，包括馆藏文献数字化；服务功能的拓展；面向用户的服务模式；开展专门化、个性化服务；便捷的可存收性；走向集成化信息服务等。

2003年6月，美国国家科学基金会举办了名为"后数字图书馆的未来"的研讨会，很多与会专家对数字图书馆发展10年的成果和问题进行了总结，并探讨了未来10年的发展目标和研究方向，提出了数字图书馆的未来目标——创建泛在知识环境。泛在知识环境下，数字图书馆也呈现出一些新的特点：基于网络传递信息资源和服务；全天候、全方位服务，没有时间和空间的限制；开放获收；能够为全球用户提供服务；能够提供多语种服务；能够动态地、无缝地提供异质信息。"泛"概念的提出，标志着现代信息服务体系的成形。图书馆利用自身的优势和服务功能，开发并推广全天候、全方位的信息获取服务方式，用户可以利用各种终端享受"一站式服务"的功能。

2010年11月，时任国家图书馆馆长周和平在接受人民日报记者采访时说，我们对图书馆的认识要与时俱进。要彻底改变以前图书馆的收藏和社会教育职能，把图书馆变为没有围墙的图书馆，实现用户足不出户就可以享用图书馆的信息服务。随着时代的发展，这个愿望已经成为现实，人们在日常生活、工作、学习中，如果有信息需求，可以通过随身携带的数字化设备来进行信息查找。我国从20世纪90年代开始开展数字图书馆的建设和研发工作，现在用户只要通过智能手机、平板电脑、便携式笔记本等智能移动终端就可以使用图书馆的知识资源，新的信息服务时代到来了。

泛在网络既指随时随地、无处不在的网络，也指任何地方、任何时间都可以接收网络的移动客户端。它具有全时性、全面性、无空间性、开放性、统一性、包容性等特点。泛在信息服务就是在数字化服务的基础上，通过互联网和移动终端，利用新媒体环境下的平台技术、网络技术、数据库技术等多元化的立体信息资源，为用户提供全方位的、多元化的信息服务。

泛在网络环境下的信息服务方式包括移动信息服务、个性化信息服务、信息网格服务、流媒体信息服务等。可以说，泛在信息服务不仅表现为技术层面无处不在的信息网络、设备终端，更是将信息服务嵌入到用户的工作与生活中。

第二节 高校图书馆的共享服务

一、图书馆资源共享概述

（一）图书馆资源共享发展历程

1. 概念的提出

图书馆作为从事知识服务的社会核心机构，一直以来都高度重视图书馆之间的资源共享，这是整个业界的理想，因为没有哪一个图书馆能够收集齐所有的文献资源。有了这样的理想，也就会有各种各样的实践。19世纪末，一些西方国家的图书馆以馆际互借的方式共享馆藏文献，以"联合目录"的方式共同揭示各馆收藏文献，"资源共享"作为图书馆领域的一个概念被正式提出。20世纪70年代，在美国召开的第一届美国图书馆协会大会成立了"协作委员会"，负责推广图书馆之间的合作，并将资源共享的馆际合作作为一个讨论主题，使资源共享正式走上历史舞台。随后，联合国教科文组织和国际图联联合提出了"资源共享理念"，旨在馆际互借、互通有无，通过协作提高开发和利用文献信息资源的综合能力，实现资源的合理配置和有效利用。

2. 资源共享的发展

进入20世纪，世界经济与文化迅速发展，涌现出大量出版物，图书馆行业日益认识到，只有依靠图书馆之间的相互合作和"资源共享"，才能满足读者的信息需求，这种共识促进了"资源共享"的发展。刚开始，短距离、小规模的图书馆间协作是"资源共享"的运行模式，例如藏书的协调分工和馆际互借。19世纪中叶，德国的默尔首次提出图书馆之间藏书建设分工协调的思想，在此基础上有10个高校图书馆划定了各自的藏书采购范围，彼此建立馆际互借关系。1917年，为了促进和完善馆际互借，美国图书馆学会制定出了世界上第一个馆际互借规则，其后苏联、英国等国图书馆也制定了相应的规则。1938年，国际图联制定了国际馆际互借规则，国际性国际互借业务也开展起来。到20世纪40年代，英国几乎全部公共图书馆、主要专业图书馆和许多高校图书馆参加了馆际互借。

20世纪70年代以来，联合国教科文组织、国际图联等国际组织共同致力于全球范围内的文献资源共享。1971年，国际图联首次提出"世界书目控制计划"，旨在使用世界通用的标准与规范，建立一个世界编目网，共同交流书目信息；与此同时，国际图联又提出了"世界出版物的收集利用计划"，旨在建立一个具有文献出版、发行、采购、存储等基本功能的国内书目系统和馆际互借网络，最大限度地为读者提供所需要的文献资源，其最终目的是实现全球文献资源共享。1977年，"发展中国家图书馆资源共享会议的预备会议""国际书目外调会议"都将资源共享作为议题。

互联网的蓬勃发展开启了人类文明的新时代。20世纪末，随着计算机技术、网络技术、通信技术等的发展及广泛应用，联机检索系统迅速发展，一些欧美发达国家的图书馆衍生出馆际间的多种合作方式。例如，英国伦敦与东南亚地区的图书馆协作网、德国的联合编目系统统一"资格认证中心"。到1990年,全球已有644个联机检索系统,数据库4465个,资源共享探索进入了网络时代。

随着互联网的日趋发展,图书馆的建设和发展也进入了数字时代,以数字化的方式保存人类文化遗产已成为不可逆转的发展趋势,全世界产生了众多的"数字图书馆计划",如1995年美国国会图书馆实施的"美国记忆"项目、2000年中美两国大学和科研机构联手筹建的"全球数字图书馆"项目、2005年美国国会图书馆与联合国教育科学文化组织联合推出的"世界数字图书馆"、2007年欧盟数字内容计划委员会负责实施的"欧洲数字图书馆"。这些具有代表性的数字图书馆项目,目的都在于将人类的宝贵文化遗产进行数字化典藏并共享给全球用户。20世纪初,美国高校图书馆开始积极探讨资源共享。20世纪70年代,美国图书馆联盟达到建设高潮,图书馆联盟旨在利用馆际互借和文献传递系统,快速共享成员馆的纸本资源和电子资源。"法明顿计划"是美国著名的以馆际互借和共编书目为特点的图书馆初级联盟,随着计算机及网络的发展,美国国家采购与编目计划、国际图书馆联盟等相继出现,图书馆联盟模式多样化,如联机计算机图书馆中心、环太平洋数字图书馆联盟、美国数字图书馆联盟等。国际图书馆联盟2002年统计结果显示,美国拥有世界上最多的图书馆联盟,占总量的57%。在资源共享实践中,日本所取得的成绩也尤为瞩目。1986年,日本建立了全国性综合信息共享系统,参与系统的各高校图书馆输入馆藏资料,编制综合目录,形成了联合书目,进行校际馆际互借及资源共享,截至2009年3月,该系统参加馆总数达到1224家,其中,日本的国立高校图书馆86家,公立75家,私立547家,海外机构107家,联合书目数据突破一亿条。截至2011年,共有86所国立高校图书馆,87所公立高校图书馆,508所私立高校图书馆,73所短期大学,57所高等专门学校图书馆，15所文部省所辖机关（包括资料馆、研究所、图书室等），13所公立机关图书馆，113所其他性质的图书馆使用该信息共享系统。

网络时代的"资源共享"，图书馆改变了"资源共享"思路，不再局限于自身的固有资源，呈现出向外扩伸趋势，跨区域、数字化、多样化。从用户角度出发，关注资源的利用率，注重用户需求和满意度，从被动等待服务转为主动提供服务。区别于以前的"馆际互借""联机检索书目"，在内容上侧重于数字资源共享，如联合编目、电子图书、多媒体数据库、在线信息咨询等；在共享方式上除了邮寄、传真，更多的是依靠E-mail、在线网页、即时通信软件等。

3. 我国资源共享发展概况

在晚清时期，随着戊戌变法和洋务运动的兴起，一股强劲的西方新思潮涌入中国，西方图书馆"平等、开放、公开利用"的理念冲击着中国封建社会藏书楼"重藏轻用"的旧有观念，清末公共图书馆运动随之兴起。1902年，我国近代第一个正式的公共图书馆——皖省藏书楼创办；1902年，倡导"存古开新"的古越藏书楼成为我国第一个向社会开放的私人藏书楼，由此推动了我国近代藏书楼向公共图书馆的转变，促进了近代图书馆的兴起。接着，1904年我国诞生了第一所官办的公共图书馆——湖南图书馆；1909年建立的国立北平图书馆，标志着我国图书馆事业完成了从藏书楼向近代图书馆的转变。

民国时期的中国图书馆事业经历了从古代藏书楼到现代图书馆的彻底革新。一些留学归国的新派知识分子发起了"新图书馆运动"，"平等、开放、公开利用"的西方图书馆理念开始在中国广泛传播，公共图书馆越来越多。民国初年全国仅有十几所，到1916年就已经增长到了260所，1925年则达到了502所，到1936年更是发展到了1502所。繁荣的公共图书馆进一

第三章 高校图书馆的新型服务模式

步开放了国人的藏书思想，体现了近代图书馆服务社会、面向公众的作用。另外，1909年，我国第一所图书馆学专业教育学校——文华图书馆学专科学校成立；1915年，民国政府先后颁布了《图书馆规程》和《通俗图书馆规程》，这是民国政府颁布的第一批关于图书馆事业的法律文件，这些法律文件为民国图书馆事业的发展提供了司法上的保障与支撑。1925年，我国第一个官方图书馆学协会——中华图书馆协会的成立，很多留学归来的图书馆学专家为近代图书馆的发展贡献了力量。

民国时期出现的图书馆"馆际互借"是我国"资源共享"的最初表现形式。1925年，中华图书馆协会创办的《图书馆学季刊》"时论撮要"专栏中刊载的国外学者亚勒蒂的《各图书馆购借书籍之合作》一文详细介绍了美国图书馆馆际互借的成就。与此同时，我国进步图书馆学专家严文郁先生也在这份期刊上撰文介绍了"馆际互借的意义及形成之大概"，由此，"文献资源共享"崭露头角。在1929年金陵大学召开的中华图书馆协会第一次年会上，"馆际互借提案""馆际互借书籍细则"被提出并决议一致通过。1939年，民国政府教育部颁布的《修正图书馆规程》中第一次明确规定了地方图书馆"阅览部"的工作职责是"办理馆际间之互借与邮寄"，馆际互借正式成为各图书馆的业务之一；从1934年起，国立北平图书馆馆务报告中开始有了馆际互借的数据记录；民国史料中所见最为规范的馆际互借章程为无锡、太原两市图书馆协会的馆际互借章程。当时，中华图书馆协会和地方图书馆协会推动了民国图书馆馆际互借业务的成熟与发展，图书馆界"文献资源共享"得到了稳定而持续的发展。

新中国成立后，党和政府高度重视图书馆行业的发展。20世纪50年代，我国先后颁布了专门的馆际互借条例《高等学校图书馆馆际互借办法（草案）》《全国图书协调方案》，正式开启了我国文献资源的共享工作。之后，国务院科学规划委员会成立了北京、上海两个全国中心图书馆委员会和9个地区性的中心图书馆委员会,共同编制联合目录,开展馆际互借等工作,打下了后期资源共享开展的基础。20世纪80年代,资源共享发展逐渐深入,1986年中国图书馆学会学术委员会召开"全国文献资源布局学术研讨会";1987年华东师范高校图书馆系等召开了"现代图书馆资源建设和资源共享国际研讨会";1987年成立了由11个部委参加的全国部际图书情报协调委员会,负责协调编制联合目录、开放馆际互借等工作。20世纪90年代,随着计算机的逐渐普及和因特网的发展,我国资源共享从传统走向现代,出现了图书馆协作网络建设和联机检索系统。1998年,国家图书馆牵头建设了"全国图书馆信息咨询协作网";1999年,国家图书馆主办了"全国文献信息资源共建共享协作会议";1999年,教育部发起了"中国高等教育文献保障系统"(CALIS);这一时期,资源共享从理论走向实践。

2000年至今,我国信息资源共享服务体系已经较为成熟,在国家层面上,除了稳步推行的CALIS项目,2000年成立的中国国家科技图书文献中心(NSTL),2002年文化部、财政部开始启动实施的全国文化信息资源共享工程,2004年教育部启动的中国高等人文社会科学文献中心(CASHL)项目都发展良好。此外,全国范围内也出现了区域内资源共享工程,如江苏省文献资源保障系统、天津市文献资源保障系统、吉林省文献信息资源共享平台、重庆市科技文献共建共享平台等。而且,图书馆行业内也发起了专业特色资源共享平台的建设,如全军医学图书馆资源共享工程、北京地区财经类院校资源共享平台。

(二)资源共享的研究概况

1. 国外研究概况

"资源共享"作为一个概念起源于18世纪末期,1876年美国图书馆协会的成立促使其得到了广泛的认同,之后该领域保持着良好的发展势头。

随着社会环境的变迁,国外图书馆资源共享从最初简单的藏书建设、馆际互借、联合编目、联机检索、参考咨询,发展到今天多样化的图书馆联盟、图书馆系统、联盟业务交流等。

美国的三角研究图书馆网络成立于1933年,最早加入的杜克大学和南加州大学成立了知识合作委员会,因为这两所大学距离很近,地理优势成为早期图书馆联盟的重要特点。20世纪70年代之前关于图书馆联盟研究几乎没有任何文献记录,美国教育委员会在1972年时,研究了全国范围内的这些联盟,并形成了学术图书馆联盟目录。20世纪八九十年代是美国图书馆联盟繁荣发展的时期,资源共享是图书馆联盟的重要特征,多类型合作,例如合作目录、合作购买等在这时变得越来越普遍。关于图书馆联盟的研究,有如下观点:波斯蒂克讨论了图书馆联盟的含义,介绍了美国图书馆联盟发展的历史、现状,联盟的类型、管理和资金等问题,阿伦和赫尔逊探讨了图书馆联盟要联合起来避免分化以及高校图书馆联盟的机遇。波斯蒂克从早期联盟、成长阶段、联盟经济、联盟类型等方面研究了美国高校图书馆联盟的历史发展,并指出为了解决经济问题,美国图书馆联盟应寻求新的不同的合作方式。赫尔逊分析了图书馆联盟在图书馆面临困境而改变管理方式时所起的作用。由于经费紧张,"合作发展馆藏"成为图书馆界满足读者需求的一种方式,这也是资源共享的一个重要部分。

2. 国内研究概况

国务院1957年9月批准颁布的《全国图书协调方案》拉开了我国图书馆信息资源共享研究的帷幕。20世纪70年代末,《利用MARC Ⅱ机读目录系统建立书目数据库共享情报图书资源的探讨》一文的发表,标志着我国开始明确提出文献资源共享的理论形式。1986年年初,中国图书馆学会召开了出版物资源共享国内学术讨论会,推动了国内信息资源共享研究的步伐。1990年，中国图书馆学会以"资源共享"为主题在广州召开了第五届全国图书馆学会青年学术研讨会，深入探讨了我国资源共享的一系列问题，标志着资源共享稳步地向前发展。以中国知网为例，调研"图书馆资源共享"主题文献，搜索统计结果显示，80年代，资源共享论文67篇，90年代495篇，2000年至2010年已达4135篇。这其中，各类研究资助基金项目共有145篇，博士、硕士学位论文291篇。分析发现，从20世纪80年代开始，资源共享有了初期研究，90年代有了较大发展；基金项目、博士、硕士论文都集中在2000年以后，资源共享研究进入白热化。通过大量文献调研，资源共享研究方向主要集中在以下几个方面。

1）资源共享基础理论

我国资源共享理论研究是从"文献资源共享"逐渐过渡到"信息资源共享"，徐恩元提出：图书馆文献资源共享，就是指两个以上的图书馆之间彼此共享对方的文献资源以满足本馆读者文献需求的文献利用活动。孟广均在《国外图书馆学情报学研究进展》一书中介绍了国外关于信息资源的数字化、存取与拥有、文献传递等理论研究情况，认为网络图书馆的本质是信息资源的共建和共享。[1] 目前，关于资源共享概念，传播更为广泛的是程焕文在《信息资源共享》一书中提出的：信息资源共享主要是利用各种技术、途径和方法来建立各个图书馆之间以及图书馆与其他相关资源特有机构间的协作互补关系，达到共同揭示和共同建设信息资源的目的，从而最大限度地满足广大用户对信息资源的需求。[2] 戴龙基最早谈到"图书馆联盟"的概念，认为它是实现文献资源共享的重要组织形式。[3] 马费

---

[1] 孟广均. 国外图书馆学情报学研究进展 [M]. 北京：北京图书馆出版社，1999.
[2] 程焕文. 信息资源共享 [M]. 北京：高等教育出版社，2004.
[3] 戴龙基，张红扬. 图书馆联盟——实现资源共享和互利互惠的组织形式 [J]. 大学图书馆学报，2000（3）：36-39.

成从经济学角度出发,深入阐述了信息资源共享的经济效率和市场规划问题,他认为机会成本高是阻碍资源共享的重要原因。[①]

2)资源共享模式与平台

合理的发展模式决定了资源共享实际所能取得的效果,模式建设是资源共享的根本问题,因此,资源共享模式一直都是图书馆学界研究的重点。从20世纪90年代开始,我国学者就把目光投向了欧美等发达国家,注重研究借鉴国外资源共享的成功经验。如李朝阳和高波通过合作成员与合作范围对英国信息资源共享模式进行了研究,阐述英国图书馆联盟的组织体制和管理体制以及经费来源,论述英国图书馆联盟在信息资源共享中的主要共享内容、共享形式、共享特点及其存在的问题,认为英国图书馆信息资源共享活动卓有成效,期望能对我国图书馆的信息资源共享活动提供一定借鉴。[②]孔兰兰等研究了法国图书馆信息资源共享模式的概况、管理与组织、经费来源、技术标准、共享内容与形式等,重点对法国图书馆信息资源共享模式进行研究分析,指出法国图书馆的信息资源共享实践既有世界各国图书馆的普遍做法,也有独特之处,如信息资源共建共享经费的筹集方式,认为国内文献资源共享体系值得借鉴。[③]朱强介绍了英国高校在信息资源共享方面采取的对策和措施。[④]马江宝对台湾地区图书馆联盟在组织形式、管理体制、经费来源及运作、资源共享形式和内容等方面进行了研究。[⑤]

---

① 马费成. 信息资源共享的经济效率——以书刊为例的分析[J]. 中国图书馆学报,2003(4):5-9.
② 李朝阳,高波. 英国图书馆信息资源共享模式研究[J]. 图书情报工作,2009(3):137-141.
③ 孔兰兰,高波. 法国图书馆的信息资源共享模式[J]. 图书情报工作,2010(21):58-61.
④ 朱强. 英国高等学校的信息资源共享[J]. 大学图书馆学报,1998,16(6):1-5.
⑤ 马江宝. 台湾图书馆联盟建设给予广东高职图书馆联盟的启示[J]. 图书情报论坛,2010(3):21-24.

信息资源共建共享的前提是资源共享平台的建设，其直接影响读者获取共享资源的质量。杨思洛、陈湘杰对湖南省长株潭区域信息资源共享体系的构建进行了研究。[1]此外，也有跨区域平台研究，如张巧娜、孟树奎的海峡两岸科技信息资源共建共享。[2]胡开胜等的高校图书馆与公共图书馆资源共享平台建设等方面的研究与探索。[3]还有行业内资源共享平台研究，如吕莉媛从主观因素（平台建设者和使用者）和客观因素（技术平台、管理平台和标准规范平台）分析了图书馆信息资源共享平台建设的影响因素。[4]查先进探讨了网络环境下政府信息资源共享、保密等问题。[5]

3）资源共享机制与策略

戴维民主张从物质、制度、文化三个层面开展研究，建立一个立体的、具有整体演化和可持续发展以及充满创新活力的信息资源共建共享运行机制和保障体系。[6]张新鹤、肖希明调查分析了我国图书馆信息资源共享机制现状，指出了我国在建立开放的共享组织及为共享发展提供监督保障和政策保障方面的不足。[7]另外还有对省级、区域内、多校区的图书馆资源共享机制的研究，如刘文清、鄢朝晖对湖南地区图书馆联盟开展文献信息资源共建共享活动进行了分析，研究了该区的文献信息需求环境、文献资源发展

---

[1] 杨思洛,陈湘杰.长株潭区域信息资源共享体系之构建[J].图书馆,2011(3):87-90.
[2] 张巧娜,孟树奎.海峡两岸科技信息资源共建共享的设想[J].新世纪图书馆,2011(2):57-58.
[3] 胡开胜,肖静波.高校图书馆与公共图书馆服务体系的资源共享平台研究[J].图书馆学研究,2010(3):49-53.
[4] 吕莉媛.图书馆信息资源共享平台建设的影响因素分析[J].图书馆学研究,2011(12):33-37.
[5] 查先进.网络环境下政府信息资源的共享与保密[J].图书情报知识,2002(4).
[6] 戴维民.信息组织[M].北京：高等教育出版社,2009.
[7] 张新鹤,肖希明.我国图书馆信息资源共享机制现状调查与分析[J].中国图书馆学报,2011(3):66-78.

条件、合作组织成员的特点。①何伟华、李圣清分析了图书馆信息资源共建共享的研究现状,研究了多校区信息资源共建共享管理模式与管理机制。②

在实现资源共享的过程中,为了切实保障读者的需求,图书馆必须采取有效的措施,才能保证服务的品质与效率。翟拥华以行业为出发点,研究区域医学信息资源共享策略;刘继坤分析了图书馆资源共享的现状及不足,提出了基于个性化服务理念的高校图书馆资源共享策略;③王春梅等从P2P技术的角度出发,探讨了个体读者数字图书馆资源共享策略;④杨在娟、戚连忠介绍了浙江省内大学、公共图书馆、科研院所三大系统科技文献信息资源的基础情况,并分析了各系统间的问题,提出了浙江省科技文献资源共建共享建设策略。⑤

4）资源共享法律法规

法律法规是信息资源共享开展的坚实保障。信息资源共享法律方面的研究始于1995年,国内学者陈传夫从对隐私的保护、知识产权问题等方面阐述了信息资源共享需要法律的保障;⑥肖希明等曾主张完善文献资源法规体系,要求在图书馆法、知识产权法、情报工作法规、出版法等多部法律中增加关于信息资源共享的内容。⑦

---

① 刘文清,鄢朝晖.湖南地区图书馆联盟的共建共享机制[J].图书馆学研究,2010(1):43-46.

② 何伟华,李圣清.高校多校区图书馆教学资源共享机制与多功能网络技术平台的研究[J].高校图书馆工作,2007(6):8.

③ 翟拥华.区域医学信息资源共享策略研究[J].图书情报导刊,2011(5):62.

④ 王春梅,张银犬.基于P2P技术的个人数字图书馆资源共享策略[J].情报杂志,2008(4):125-127.

⑤ 杨在娟,戚连忠.浙江省科技文献资源共享策略探析[J].农业图书情报学刊,2008(3):22-24.

⑥ 陈传夫.信息资源公共获取与知识产权保护[M].北京:北京图书馆出版社,2007.

⑦ 肖希明,张勇,许建业,等.公共图书馆文献资源建设法律保障研究[M].北京:国家图书馆出版社,2011.

（三）我国资源共享的主要模式

20世纪90年代以来，我国图书馆界开始尝试信息资源共建共享，在21世纪初，公共图书馆、高校图书馆、科研情报院所等几个系统迅速开始了共建共享的实践。目前，我国信息资源共享工作发展已经颇具规模，以下笔者从国家级和地方级两个方面来具体分析。

1. 国家级资源共享系统

中国高等教育文献保障系统（CAUS）管理中心组织全国高校共同建设以高等教育数字图书馆为核心的文献保障体系，开展各个省级文献服务中心和高校数字图书馆基地的建设。目前，基本形成了以CAUS为中心，"全国中心—地区中心—高校图书馆"三级保障结构。CALIS已经完成的第一、第二期建设，实现了不同介质、不同类型的纸质和电子资源之间的集成，实现了异构馆藏、虚拟馆藏的集成，建立了联合目录数据库、高校学位论文会议论文数据库、高校专题特色数据库、重点学科导航数据库等。目前，CALIS已进入第三期建设，试图利用先进的云计算技术和数字图书馆信息技术，全面整合和提升CALIS原有服务与国内图书馆界的资源和服务，实现"一个账号，全国获取"的服务模式。此外，2000年由科技部组织牵头建设的国家科技图书文献中心（NSTL），旨在促进理、工、农、医各学科领域国家级文献信息机构之间的资源共建共享。

2. 区域资源共享系统

近十年来，区域图书馆资源共享体系建设发展较好。特别是率先在全国实施的江苏省高等教育文献保障系统（JALIS），作为CALIS建设的一个组成部分，已经初步形成了结构优化、布局合理、配置精当的文献收藏系统，形成江苏省高等教育文献信息的保障网络，保证了江苏省高等教育现代化建设目标的顺利实现。

另外，吉林、河北、广东、海南等省也都开展了不同程度的文献资源共建共享活动，特别是经济发达地区，如北京高校网络图书馆、广东图书馆文献资源共建共享、天津市高校数字化图书馆、全军医学图书馆资源共享工程、吉林省高等教育优质教育教学资源共享服务平台等。我国西部地区四川省、重庆市已启动部分文献信息资源共建共享建设项目。

3. 自主资源共享

图书馆历来都有为读者服务的责任感和使命感，因此为了提高文献服务质量，一些在地域上比较接近的图书馆，自发成立了一些资源共享体系，最典型的就是广州石牌地区高校图书馆协作组。1994年，在广东省教育厅和广东省高校图工委的组织下，由华南理工高校图书馆牵头成立了广州石牌地区高校图书馆协作组，探索建立区域性共建共享的文献保障模式，以保证石牌地区高校教学科研的文献信息需求，体现联合办馆的优越性。2008年11月，经广东省教育厅批准，广州体育学院、南方医科大学、广东金融学院三所高校的图书馆加入协作组，成立"天河地区高校图书馆联盟"。2010年1月，广东外语外贸高校图书馆加盟"天河地区高校图书馆联盟"，由于协作网成员馆广泛分布于天河区、番禺区和白云区，原"广州天河九校图书馆联盟"改名为"广州地区高校图书馆联盟"。此后随着广州中医药高校图书馆、广东商学院图书馆的加入，"广州地区高校图书馆联盟"已覆盖广州主要行政区，含成员馆12所，成为广州乃至华南地区教育教学资源的重要保障基地。

"卓越联盟"图书馆共享服务平台。"卓越联盟"是同济大学、重庆大学等10所国内工科强校组成的"卓越人才培养合作高校"的简称。"卓越联盟"各成员高校以共同推动高等教育教学改革与卓越人才培养为目标。2011年，"卓越联盟"各成员高校图书馆共同签署了"卓越联盟"高校图书馆共享合作框架协议；2012年10月23日，"卓越联盟图书馆知识共享服务平台"开通仪式在湖南大学举行，服务平台在各联盟高校同时开通。"卓越联盟"图书馆共享服务平台全面系统整合了联盟各高校图书、期刊、学术论文、会议论文和数据库的资源,实现了联盟内部资源导航和共享。目前,服务平台覆盖的资源有图书书目 330 万种,期刊 85621 种,中文期刊 7155 万篇,外文期刊 10872 万篇,开放学术资源 3700 万篇,数据库 503 种。联盟高校师生可通过类似搜索引擎的方式一站式便捷检索、获取文献资源。该平台同步推出了手机版,方便师生随时随地访问阅读。

二、主要图书馆资源共享体系

资源共享是目前图书馆行业广泛实践着的共享模式,其基础是图书馆联合书目,以实现"共知",在此基础上实现文献的馆际互借和其他图书馆服务,也就是"共享"。下面试就目前国内外已经建成的具有代表性的文献资源共享体系的模式进行分析。

(一)典型的国外图书馆资源共享体系

经过多年的发展,国外图书馆资源共享体系已经非常发达,成为图书馆业务工作的常态,其应用范围广,也广为读者所接受和使用。

1. 联机计算机图书馆中心(Online Computer Library Center,简称 OCLC)

1) OCLC 概况

OCLC 成立于 20 世纪 70 年代,总部设在美国的俄亥俄州,是世界上最大的文献信息服务机构之一,是一个不以营利为目的、提供计算机图书馆服务的会员制研究组织,其宗旨是为广大的用户开发针对全世界各种信息的应用,实现资源共享,减低获取信息的成本。OCLC 由最初俄亥俄州 54 所高校图书馆组成的州内图书馆协作网发展成今天世界上最大的图书馆网络,为全球 170 个国家和地区超过 72000 个图书馆提供查询、采集、出借和保存图书馆资料以及为它们编目的服务。通过图书馆的合作将人们和知识连接起来。

2）OCLC 主要服务

联机编目与馆际互借服务。长期以来，OCLC 坚持使用最先进的技术维护和管理图书联机编目系统，保证其他图书馆可分享其书目信息。联机编目服务和馆际互借服务是 OCLC 提供的核心服务，其基础是"世界书目"数据库，是世界上数据量最大、综合性最强的书目数据库之一，由遍及世界各国一万多家 OCLC 成员馆通过联合编目共同创建和维护，含有超过 5200 万条不重复的文献记录，并以每年两百多万条的速度在不断增加，覆盖了所有主题范畴和出版类型，涵盖 440 种语言的出版物，检索命中率高达 95%。联机编目服务正朝向整合的方向发展，OCLC 试图集成元数据将编目及有关服务整合于同一系统和界面下，提供更加便捷有力的服务。OCLC 联合编目服务的同时向全世界的图书馆和信息中心提供了一种强有力的馆际互借工具。用户通过馆际互借服务的界面检索到需要的文献，确定文献收藏地（图书馆），通过查询"图书馆章程目录"获取有关文献收藏地的图书流通政策、服务方式、服务价格等信息。然后填写求借单发送出借书请求。出借图书馆则通过适当的方式，将文献送至求借图书馆。

OCLC 检索服务。提供中文、英文、日文、法文、西班牙文五种语言服务，基本检索、高级检索和专家检索三种不同的检索界面和方式，为不同用户提供了十分友好的服务。图书馆也可通过电子期刊数据库订阅 70 多家出版社的 4600 种电子版学术期刊。

网上联合参考咨询服务。网上联合参考咨询服务简称 QP，是由美国国会图书馆和 OCLC 联合开发。这个服务分为三级：全球（世界范围馆际间）、区域（集团馆际间）、本地。QP 将不同类型图书馆的优势、互联网络、图书馆员结合起来，本地服务通过电子邮件咨询和实时问答两种方式，如咨询馆员无法解答，可通过 QP 的区域协作网将问题转交给合作图书馆，也可将问题提交于 QP 的全球网络，超越了时间和地域的限制。想要加入

QP 的图书馆，只要在 QP 管理系统中提交一份详细的档案即可。

网上图书馆。OCLC 网上图书馆成立于 1999 年，是 OCLC 的一个分支机构，通过互联网提供电子图书服务。目前，网上图书馆提供 400 多家出版社出版的 76000 多种电子图书，每月新增书籍约 2000 种，90% 以上图书是 1990 年后出版的，主题广泛，内容新颖。网上图书馆向用户提供两种检索方法检索电子图书，读者可通过联机浏览和借阅两种方式进行阅读。电子图书采用一本书在一个时间只供一个读者阅读的操作方式，为图书馆避免重复收藏、联合采购提供了条件。

2. 美国俄亥俄州图书馆与信息合作网（OhioLINK）

1）OhioLINK 概况

OhioLINK 始建于 20 世纪 90 年代，是由俄亥俄州 17 所公立大学、23 所社区专科学院、43 所私立高校图书馆和州图书馆构成的资源共享联盟，也是美国最著名的地区电子文献资源共享网络。OhioLINK 通过一个综合性的地区图书馆目录和 OhioLINK 中央书目库、一个联机馆际互借系统、各个学科的数据库和 48 小时的文献配送系统为 84 个成员机构的 60 万在校学生、教员和职员提供服务。

2）OhioLINK 主要服务

OhioLINK 具有丰富的书目数据、电子杂志、文献全文和多媒体数据库，并提供各种不同的服务。

馆际互借与文献配送。中央藏书目录库同时兼具联机馆际互借功能。读者在查阅图书的书目信息和馆藏地后，通过网络向所属图书馆递交申请，同时直接转送到 OhioLINK 中心处理，便可以实现馆际借阅。该功能为用户提供了极大的方便，活跃了文献信息的流通。1993 年，OhioLINK 建立了文献配送系统，用户提交申请后，文献配送系统将会通知快递公司在 48 小时内将图书送达，每年约有 1900 万册/次图书以这种方式提供给读者。

中央藏书目录体系。中央书目库包含 2100 万条独特的主数据，囊括 84 个成员馆近 4000 万件馆藏，各成员馆开展联合编目，联机存取书目记录。中央目录库的书目数据来自本地系统，各成员馆将编制的本馆书目记录输送至中央目录库中，中央书目库可连接至各成员馆的联机公共目录查询系统和该州以外的图书馆书目资源。该网络的藏书量逐年递增，但目录库重复率并不高。

电子杂志中心。目前，OhioLINK 电子杂志中心已收集有 1378 个专题，近 28 万篇杂志全文，向全州读者提供服务。用户可以根据自己的需要，利用系统的检索功能，从电子杂志中心获取自己所需资料。另外，用户可利用电子杂志中心提供的"网上 SDI 服务"功能。系统会根据用户需求，自动地定期运行一个查询软件，从电子杂志库中代用户进行专题检索，并将检索结果以电子邮件方式发给用户。

数据库检索与数字媒体。OhioLINK 所能提供的数据库数量有 100 多种，基本上覆盖了全学科的一些核心引文索引。这些数据库一部分存储在 OhioLINK 的计算机中心，另一部分则通过因特网直接链接到数据库的提供商。此外，OhioLINK 还提供全文数据库服务，含 28 万篇，其中包括在线词典等一些著名的百科全书等工具书的联机版。同时，OhioLINK 无偿提供俄亥俄州参与院校的硕士和博士论文在线电子文本。随着多媒体技术的应用，OhioLINK 储存和提供各成员馆拥有的各种各样的多媒体资料（录音、音像、艺术和建筑图像等），读者可检索应用，其中有些收藏对全世界公开。

（二）国内主要的图书馆资源共享体系

1. 国家科技图书文献中心

2000 年 6 月 12 日，国家科技图书文献中心经国务院批示组建，成为一个虚拟的科技文献信息服务机构，成员单位包括中国科学院文献情报中心、工程技术图书馆（中国科学技术信息研究所、冶金工业信息标准研究院、机械工业信息研究院、中国化工信息中心）、中国医学科学院图书馆、中国农业科学院图书馆。根据国家科技发展需要，中心按照"统一采购、规范加工、联合上网、资源共享"的原则，采集、收藏和开发理、工、农、医各学科领域的科技文献资源，面向全国开展科技文献信息服务。国家科技图书文献中心的主要任务是：利用现代网络技术，提供多层次服务，推进科技文献信息资源的共建共享；统筹外调，较完整地收藏国内外科技文献信息资源制定数据加工标准、规范，建立科技文献数据库；组织科技文献信息资源的深度开发和数字化应用，开展国内外合作与交流。

2. 数字图书馆推广工程

文化部、财政部于2011年共同推出"数字图书馆推广工程"，这是中国继文化信息资源共享工程、公共电子阅览室建设计划后，又一个重要的数字文化建设工程。

数字图书馆推广工程的建设目标是以国家数字图书馆为中心，以各级数字图书馆为节点，覆盖全国公共图书馆的数字图书馆虚拟网，支持全国各地区数字图书馆间互联互通、共建共享；建设分级分布式数字资源库群，建设分级分布式数字图书馆资源库群，实现数字资源建设、保存、服务的统一规划；建设多层次、专业化、多样化、个性化的数字图书馆服务平台，对数字资源进行有效的组织、整合、知识挖掘，实现元数据集中与统一检索，依托互联网、移动通信网、广电网，建立满足不同需求的数字图书馆服务平台，通过新技术应用，提供基于移动通信网的移动数字图书馆服务、基于广播电视网的数字电视服务。数字图书馆推广工程海量资源库群的建设成果将广泛应用于全国文化信息资源共享工程、公共电子阅览室建设等国家重点文化建设项目中，为各项文化工程提供优质数字资源服务。

3. 中国高等教育文献保障系统（CALIS）

1）CALIS 概况

CALIS 于 1991 年 1 月由我国高校系统正式启动，是经国务院批准的高等教育"211 工程""九五""十五"总体规划中三个公共服务体系之一。CALIS 下设文理、工程、农学、医学 4 个全国文献信息服务中心、7 个地区信息中心和 1 个东北地区国防信息中心。CALIS 的主要建设内容和任务是通过文献信息服务网和文献信息资源及数字化建设，初步实现系统的公共检索、馆际互借、协调采购、文献传递、联机合作编目等功能，推进我国高等教育资源的合理优化配置，实现信息资源共建、共享、共知的目标，深化资源的有效开发和利用，提高高等学校教育和科研的文献保障水平。CALIS 二期建设目标是发展到全国 1000 所高校，为全国高校系统服务。2014 年，CALIS 三期已经完成建设并面向高校图书馆开展普遍免费服务。

2）CALIS 的共享服务

CALIS 联合目录数据库始建于 1997 年，基础为联合目录数据库，服务对象为高校图书馆，开展联机合作编目、编目咨询与系统培训、编目数据批量提供等业务，大大提高了成员馆书目数据库建设的质量和效率。

馆际互借与文献传递。为了更好地在高校开展馆际互借与文献传递，CALIS 中心联合全国 46 所高校图书馆，建立了"馆际互借与文献传递服务系统"，这是 CALIS 公共服务软件系统的重要组成部分。目前，该系统已经实现了与联机公共目录查询系统、西文期刊篇名目次数据库综合服务系统、CALIS 统一检索系统、CALIS 文科外刊检索系统、CALIS 资源调度系统的集成，读者可直接通过网上提交馆际互借与文献传递申请，并且可以实时查询申请处理情况。

数字资源联合采购。数字资源联合采购，也就是集团采购。从 1999 年开始建设以来，CALIS 采用联合采购模式，引进、共建了一系列国内外文献数据库，节约了各成员馆大量的经费，提高了成员馆的文献水平。目前，CALIS已组织了40多个数据库集团，购买了200多个数据库，共有全文电子期刊2万余种，其中外文电子期刊1万余种，电子图书2万多种。全国已有500多个大学和科研机构累计约3000多个馆次参加了集团采购。

统一检索系统。"CALIS统一检索"平台提供了基于异构系统的跨库检索服务，集成了130多个国内外异构资源数据库，用户可按学科、文种、数据库同时检索20个数据库平台上的多种资源，输入一个检索式，便可看到多个数据库的查询结果，并可进一步得到详细记录和下载全文。与此同时，读者也可选择单个数据库，针对某种具体资源进行个性化检索。此外，"CALIS统一检索"还实现了统一用户管理、馆际互借等应用系统的无缝集成，使用户方便地访问国内外数字资源。

（三）图书馆资源共享的主要优缺点

1. 可资借鉴的经验

1）统一部署，注重协作

国外资源共享协调性好，计划性强，非常重视整体的系统建设，重视建设质量和实际的效果。例如美国图书馆信息共享组织完善、合作基础良好、共享成员间合作密切，而且还有专门的管理委员会来负责管理。如OhioLINK就由州政府拨款建立，采取理事会负责制，政府每年给予固定经费支持联盟运营；统一了电脑硬件和软件平台，使得资源整合能达到最大功效。我国CALIS系统由国家统一部署，下设文理、工程、农学、医学4个全国文献信息服务中心、7个地区信息中心和一个东北地区国防信息中心。

2）资源共享多样化

美国图书馆联盟各成员馆馆藏有特色、有重点，联盟众多，发展迅速且发展程度较高，甚至有国际范围资源共享的超级联盟，这些联盟以集团购买电子资源为基础，以互联网为手段，提供各式各样的服务，除了馆际互借、文献传递、联合采购、远程教育等日常服务以外，还出现了工作经验、业务培训、系统支持等人力资源、管理资源方面的共享。资源共享理念渗入到联盟管理、运营、服务的方方面面。

3）推广范围广、力度高

国外资源共享发展时间较长，有着丰富的实践经验，推广力度高，范围广。如日本的学术情报中心，隶属于文部省，覆盖了日本所有的大学，是日本全国性综合信息共享系统，也是日本文献资源保障体系的中枢，书目记录已达亿条；美国图书馆联盟已达200多个，OCLC已经发展成为今天世界上最大的图书馆网络，为全球170个国家和地区超过72000个图书馆提供服务，且OCLC的50个图书馆联盟中，跨系统的联盟多达43个。再如美国数字图书馆联盟（DLF）打破国家的界限，吸收了牛津高校图书馆、大英图书馆、亚历山大图书馆等的加盟，现已有35个成员和5个盟友，已经成为国际性的图书馆联盟。

4）注重科学研究开发

国外的资源共享，极为重视研究项目的开展，进行了大量的纸本文献数字化、资源利用最大化等方面的研究。例如OCLC在肩负着建设网络和维护网络任务的同时，也投入大量的资金支持新技术的利用和创新，每年用在产品与服务改进、新技术研发等的费用在千万美元以上；日本学术情报中心信息网络专门为各个研究者终端提供学术研究专用的信息通信网，以促进大学、研究机构的学术信息交流。

2. 图书馆资源共享的不足之处

1）模块化、重复性建设现象严重

我国图书馆很多时候归属于不同的行政管理部门管理，导致图书馆事业缺乏条块分割，缺乏协作意识，整体宏观调控力度不足。如根据CALIS项目安排，广州省教育厅与中山大学共同建立了"CALIS华南地区中心"，在之后的十多年里，广东教育厅与华南师范大学共同建立了"广东网络图书馆"、广东省中心图书馆委员会组织建立了"广东省文献资源共建共享协作网"、广东省六所高校图书馆组织成立了"广州地区高校图书馆联盟"，这些项目建设的目的是一致的，但分属不同的管理部门，有重复建设的情况。

2）主动性不足，重点关注文献，少有关注读者

我国图书馆资源共享项目，如联合书目、联合采购、版本图书馆重点均立足于文献资源建设，但是如何让读者能够方便地使用这些文献资源的建设项目偏少。

3）时间和空间范围有限

中国高等文献保障系统（CALIS）发展较为成熟，但推广的范围不够大。另外，某些高校图书馆共享模式有些理想化，空间上有局限，如在校大学生读者毕业后，就不能再使用这个文献共享体系了。

4）共享体系的可持续性发展与维持

国外的资源共享项目建设，除了政府拨款以外，还包括联盟会费、基金会、年费、经营性收入等。我国资源共享项目则主要依靠财政拨款，没有建立一个可持续发展的资金保证体系，一旦政府不再拨款，资源共享项目就会变得难以为继。如CALIS文献资源共享体系依靠国家财政的项目拨款，一旦项目建设完成了，又没有申请到后续项目，就会受到比较大的影响。

5）没有完善的法律法规及制度

图书馆资源共享的健康发展需要得到法律法规的保障。随着数字图书馆的发展，纸质文献的利用率在逐渐降低，读者真正需要的数字文献却由于版权保护的原因，不能通过网络直接获得，大多仍然采用传统的复制、扫描的方式获得。

因此，图书馆行业急需一种新的共享形态和共享理念，来弥补上述不

足,在新的信息技术条件下提升图书馆的管理和服务水平。笔者提出,应当构建以服务为核心的共享模式,来实现这个目标。

第三节 高校图书馆的科技查新服务

一、科技查新行业的发展现状

科技查新是一项以科研活动和科技管理为服务对象,以科技文献资源为基础,以信息检索和分析研究为手段,为查证科学技术内容新颖性提供服务的工作。科技查新工作的作用贯穿科技创新的整个过程,是科技管理活动中进行创新评估的重要手段。

我国的科技查新工作始于1985年,一开始在国防科工和医药卫生领域开展,之后,原国家科委(现为科技部)逐渐开始推动科技查新行业的发展,并加强对科技查新工作的规范化管理。例如,原国家科委于1990年10月印发了《关于推荐第一批查新咨询科技立项及成果管理的情报检索单位的通知》,授权11家文献信息单位为一级查新单位,又于1992年拟定了《科技查新咨询工作管理办法》,并起草了《科技查新咨询工作管理办法实施细则》。在经过长时间的全新实践和管理摸索之后,科技部于2000年12月发布了《科技查新机构管理办法》和《科技查新规范》,自2001年1月1日起施行,这标志着我国科技查新工作逐渐步入法制化的轨道。

(一)科技查新机构的管理系统

在科技查新工作的发展过程中,各级科技管理部门,教育部、卫生部、农业部等国务院职能部门,以及中国科学院、国家地震局等出于服务本部门科技创新管理工作的需要,从各自的专业角度出发,都纷纷开展了科技查新机构认定工作。

我国的科技查新机构主要分布在各地的科委、科技厅系统，国家部委次之，这一方面体现了国家科技管理工作对科技查新工作的需求；另一方面也能够使科技查新工作更好地为科技管理工作提供服务。

（二）科技查新机构的地域性

一般情况下，科技查新机构的服务对象是本地的科研和科技管理活动，查新咨询工作有着比较强的地域性。

二、科技查新行业发展中面临的问题

经过多年的发展，科技查新工作在我国的科技创新活动中发挥着越来越重要的支持作用，并逐步形成了严格的管理制度和工作规范。但由于查新机构的认定和管理部门不一致，查新人员质量良莠不齐，查新机构在管理规范、服务理念上的差异，从整体上来说，科技查新的发展仍面临着一些问题。

（一）科技查新行业缺乏统一管理和引导

我国有10多个科技查新机构认定部门，不同部门对科技查新机构的管理总体上遵循科技部颁发的《科技查新机构管理办法》和《科技查新规范》，同时，又根据部门自身的特征制定了相应的管理办法。各部门对科技查新机构的认定标准、管理细则、人员水平等要求不尽相同，导致了我国科技查新行业的发展缺乏统一的指导。特别是国家取消对科技查新机构的行政审批之后，科技查新行业实际上处于自由发展的状态，查新机构的权威性无法认定，查新质量无法保障。管理的分散导致我国科技查新行业的发展缺乏统一规划和布局，从而无法体现整个行业的合力，限制了科技查新工作在科技创新活动中作用的发挥。

（二）查新报告质量控制机制不完善

查新报告是科技查新项目的最终成果，是查新机构交付给查新委托人的最终产品，是科技查新作用和意义的直观体现。查新报告的质量不佳，将影响查新委托人和科技管理人员对查新项目科学技术内容新颖性的判断，误导科研活动与科技管理决策。

根据文献研究以及对部分机构查新报告的分析，笔者发现部分机构的查新报告在报告格式、内容描述、查新结论表达等方面还存在较大问题，比如，查新报告格式过于简单，与《科技查新规范》中的规定不一致；查新报告数据的采集缺乏全面性，查新结论的描述缺乏专指度和深度；查新项目创新点的提炼、文献对比分析的内容与项目的科学技术内容不一致；查新报告用词缺乏规范性等。

查新报告质量良莠不齐的主要原因在于缺乏对查新报告的质量控制机制和评估准则。《科技查新规范》中虽然对查新程序和查新报告的内容做出了详细的规定，但由于整个查新流程和每个步骤的工作都依赖于查新人员的智力劳动，而且这种智力劳动分布在所有学科和研究领域中，当前还没有形成一种有效的手段来控制查新报告的质量，也没有建立一套行之有效的评估准则。

（三）查新队伍的建设有待加强

在《科技查新规范》中，"查新人员"是指参与查新工作的人员，包括查新员、审核员及其他工作人员。[①] 其中主体查新人员是查新员和审核员。对于查新员和审核员应具备的基本条件，在《科技查新规范》中也有明确规定，包括其法律意识、道德修养、查新资格、业务知识、业务能力、职称、学历、工作经验等多方面。在实际查新工作中，科技查新要求工作人员必须有较高的综合业务素质，包括查新中应用到的相关专业知识背景、情报检索的实践能力、查阅外文文献的外语认知能力、计算机的应用能力、

---

① 科技查新规范[EB/OL]．(2003-06-30)[2022-01-05]．http://www.cutech.edu.cn/cn/zcfg/kjcg/webinfo/2003/06/1180054675692902.htm．

语言文字的表达能力及信息情报检索和分析等能力。这些能力整合起来就是准确查新，出具一份专业、严谨、公正的科技查新报告的能力。另外，查新人员是查新工作的具体实施者，除了应具有以上提到的这些业务能力，还应具有良好的职业道德、敬业精神以及较好的语言沟通和理解能力等。

当前，由于查新机构的认定和管理还比较分散，仍有一些查新机构不重视人员的业务培训和考核，查新人员知识结构不尽合理，不熟悉新学科、新领域的发展趋势及进展情况，信息分析能力不高。对整个科技查新行业来说，由于人员流动量大，工作经验积累困难，高素质复合型人才仍严重缺乏。

三、促进科技查新行业发展的措施

科技查新工作是我国科技创新管理的重要支撑手段，为了促进我国科技查新行业的健康可持续发展，以更好的服务于科研活动和科技管理活动，笔者认为需要从以下方面入手促进整个查新行业的发展。

（一）加强规范化管理和统一布局

科技查新机构管理的分散以及业务量的不均衡，限制了我国科技查新行业整体效能的发挥。为了充分发挥科技查新工作在科技创新资源配置中的把关作用，促进查新行业的健康可持续发展，首先需要从行业管理体制和机制入手，严格推进对《科技查新机构管理办法》《科技查新规范》等管理办法的实施。同时，需要对全国的科技查新需求进行摸底调研，统一规划科技查新机构的区域布局，以适应科技创新活动对查新工作的需求，避免科技查新行业的无序竞争。

（二）加强查新队伍的建设和管理

查新队伍是科技查新行业发展的根本。随着科学研究的交叉渗透，新兴学科的不断产生以及科技信息资源检索途径和工具的不断演进，科技查新人员的查新技能面临着日益严峻的挑战。为了促进查新行业的可持续发展，需要加强对查新队伍的建设和管理。具体来说，需要建立规范的查新人员培训和考核制度，要求查新人员接受学科知识、信息检索、文献分析等方面的培训，并通过严格的考核，持证上岗。同时，还需要加强查新人员之间的交流和相互学习，这可以通过举办查新研讨会、组建科技查新行业协会等多种途径来实现。

（三）加强对电子科技信息资源的综合发掘和利用

电子科技信息资源包括各种文献库、数据库、专利库等，是当前科技查新中使用最广泛的查新资源，各查新机构在电子信息资源上的投入也在不断的增长。但电子信息资源种类繁多，质量也良莠不齐，如何有效地甄别、选择合适的电子信息资源，保证查新检索结果的全面、正确和有效，是一个重要的问题。随着电子科技信息资源数量的增加，有限的资源建设经费也限制了查新机构资源建设的完整性，从而可能影响查新的质量。面对这些问题，一方面需要由信息资源建设专业人士和学科专业人员联手加强对电子科技信息资源质量的评价；另一方面还需要加强对网络免费信息资源的发掘和利用。只有从资源的质量和数量入手，才能为查新工作的质量提供基础保障。

（四）加强科技查新用户满意度建设

科技查新是一项服务性的工作，用户满意度是查新行业可持续发展的直接决定因素。只有为用户提供满意的服务，查新机构才能获取源源不断的查新项目，体现存在的价值。作为创新评价中的第三方机构，科技查新的用户同时包含了科技查新项目的委托人和科技管理人员。为了加强用户满意度建设，查新机构不但需要不断在服务态度、查新专业技能等方面下功夫，以获取查新委托人的满意；还需要坚守客观的科技查新立场，保证查新工作的客观性和公正性，以获取科技管理者的满意。

（五）建立查新用户反馈机制

提升查新报告的质量是保证查新质量的关键。对此，学术界和查新实践人员都不断探索通过查新报告质量评估来提升其质量。查新报告质量评估是从事后评估的角度来保证查新报告的质量，可以促进查新机构和查新人员不断提高工作质量。查新报告的最终用户是科技管理者和查新委托人，而且由于科技信息发布的滞后性和查新报告的时效性，只有查新用户在消化和使用查新报告的过程中，才能获得对查新报告质量最准确的认识。因此，可以通过建立一种查新用户的反馈机制，搜集查新用户对查新报告的质量反馈，通过对质量反馈结果的综合分析，来获得对查新机构或查新人员的查新报告质量评估。

（六）开展科技信息增值服务

在多年的发展过程中，我国的科技查新行业积累了大批的信息咨询服务专业人员和大量的科技信息资源，形成了别具特色的科技信息服务能力。伴随科技信息服务市场化的逐渐推进，科技查新机构要获得可持续的发展，必须深入挖掘自身在科技信息资源和专业技能等方面的优势，积极开展多种形式的科技信息增值服务，充分发挥科技查新行业的服务能力和潜力，更好地服务于我国的科技创新活动。

第四节　高校图书馆的学科服务

一、高校图书馆学科服务的内容

随着数字媒体的发展壮大，图书馆学科服务经历了萌芽、产生的初期阶段，当前已经进入快速发展的阶段。为了满足学科服务，改变过去被动服务的方式，高校图书馆需要加大研究力度，强化主动服务功能，满足用户的专业化、多层次的个性化信息需求。现在，图书馆的学科服务团队力量不断在加强，投入越来越大，在社会上的地位也越来越高。

在新媒体环境下，高校图书馆利用过去在图书资料、信息资源、文献资源等方面的资源优势，根据用户市场的需求，结合网络技术和信息资源平台开展针对性的学科信息服务，针对不同用户，不断开发出适合不同用户需求的信息产品，提供个性化服务，形成统一的服务体系，为用户提供"一站式"的服务。

二、高校图书馆学科服务的转型

学科服务是建立在数字图书馆"大数据"技术环境下的服务方式。"大数据"事实上不仅仅是代表数据量大，而且主要是指采集、整理、应用数据的工具、平台和分析系统。它体现的价值不在于数据的大小，而是在于对数据的应用，怎样将复杂纷繁的数据整理、提炼出有针对性的、满足用户需要的个性化产品，这才是大数据的真正价值。

在大数据时代，高校图书馆面对的问题是怎样充分利用已有的信息资源与网络技术和移动技术密切结合，利用数据处理的工具、平台和分析系统，针对读者和用户的需要，提炼、开发出有针对性的个性化服务产品，利用网络共享平台提供学科服务。

（一）拓展服务方式

在新媒体环境下，高校图书馆原来传统、单一、被动的服务已经远远无法满足新时代的高校师生和科研管理人员的信息需求。目前已经有些高校开始研发、构建以围绕学科服务为中心的高校图书馆知识生态系统，利用各种成熟的网络信息平台、微信、QQ以及移动客户端等手段，不断提高高校图书馆的社会影响力，吸引越来越多的用户参与进来，力争做大做强高校图书馆知识生态系统。

（二）更新服务内容

在大数据时代，图书馆固有的资源已经不再是信息资源的主流，大量数字化数据、半结构化数据和非结构化数据的出现，使得高校图书馆可以占有更多的知识资源，突破过去知识来源的局限性，在某种意义上可以将全社会开放的知识资源共享。目前高校图书馆主动开展各种形式和服务内容的信息服务，改变了过去简单的资料检索服务模式和内容，针对用户不同的学科知识需求，图书馆在不断地丰富信息资源，从知识环境、知识技术等各方面保障学科服务的顺利进行。

（三）转变服务理念

传统高校图书馆组织馆藏资源为用户提供信息服务，将自己馆内资源无法对应和满足的用户排除在服务范围之外。充当目录功能，习惯性地把用户需求简单地等同于文献检索，把图书馆服务局限于根据用户的明确需求去提供明确的文献，对于不清楚、不明确的用户需求以及无法用文献来表达的用户需求等，传统图书馆则无法提供服务。

在大数据背景下，高校图书馆已经被迫参与到市场竞争的行列，过去被动、单一、封闭的服务已经被淘汰，如何借助图书馆现有的信息资源和信息渠道，更好地完成用户的需求成为图书馆生存的目标要求。市场规律促使图书馆转变思路改变被动服务的理念，以主动服务向市场要效益，充分挖掘自身资源。同时利用外部各方面的资源，满足不同用户的需求，刺激用户释放其潜在的隐性需求，不断扩大图书馆的影响力。

三、高校图书馆学科服务创新服务模式

作为学校的信息资源中心，高校图书馆在成立之初就已经有了明确的目标，即为学校教学活动和科研工作提供信息服务。一方面，努力收集图书文献等信息资料，是文化知识和信息的收集中心；另一方面，依托所收

集的资源提供信息服务,是用户进行知识结构自主更新与优化的重要平台。在新媒体技术环境下,高校图书馆信息来源渠道越来越多,越来越方便,在收集大量数据的同时,高校图书馆开始改变简单的检索服务,利用已有的大量数据,运用计算机技术、数据库技术、数据处理系统等技术手段,利用大数据从海量的数据中获取满足用户需求的学科知识信息。

（一）配合学校教学需求和发展,建设课程教参资源库

高校图书馆在新媒体环境下运用现代化的手段针对用户的需求提供有针对性的、个性化的服务,作为学校教学科研的信息保障和支撑单位,首先面对的是高校教学的教材。现代办学思想要求高校需培养专业化的优秀人才,最基本的因素就是教材,依靠内容陈旧、多年不变的教材,再优秀的老师也无法教出专业特点突出、理论先进的优秀学生。高校要想打造出业内领先的学科,教材就必须具有前瞻性、学术性、系统性、目标性。这一目标单靠过去的个人或者是个人组织的松散团队很难完成,它必须依靠先进的设备、大数据处理的手段、具有时效性和前瞻性的大量信息资源。这就要求必须有一支目标明确的专业化教材编写团队,这正是高校图书馆学科服务团队所要服务的内容。它可以根据高校学科建设的中长期规划,结合教学人员的要求,利用所收集的教学资源数据库,运用大数据手段,协助教材编写团队编写出适合本校学科建设和人才培养的教材；依靠高校图书馆知识生态系统构建的知识资源数据库,逐渐开发研究出适合不同师生需求的课程教参资源库。

（二）开发校园信息资源,建立各类特色资源库

高校图书馆在新媒体环境下构建的知识生态系统,在满足高校教学科研和信息服务的前提下,作为一个开放的系统,它面对的用户群体复杂多样,需求也会各不相同。作为市场化运作的服务输出者,它在满足用户需求的同时,为了增加用户和扩大影响力,必须要根据学校的性质和专业特

色开发出带有自身特点的学科服务信息平台。高校图书馆知识生态系统所包含的内容纷繁复杂、多种多样，也可说是包罗万象。作为服务对象的广大师生不但是用户，而且也是这一系统的积极参与者。收集学校信息资源，介入校园文化生活，既可以丰富学校教学科研资源，也可以建立学校特色资源库，提高校园信息资源的利用率，扩大学校和图书馆的社会影响力。

1. 讲座资源

我国经济的发展带动着全国高等教育行业的快速发展，各大高校规模不断扩充，专科院校升本科，本科院校升综合性大学。怎样建设特色学科，在众多同类院校中脱颖而出是很多高校急需解决的问题。许多高校在不断扩大学生规模、建设特色专业的同时，也不断加大和营造内涵建设的力度，引进知名教授、泰山学者、长江学者等人才，聘请客座教授定期讲座、讲课，搞国际学术研讨会等方法和措施以提升学校学术层次、营造学术氛围。举办各种讲座本身就是高校快速接受和了解高端、前沿学术的有效手段和常用措施，在高校师生中有着广泛的基础、备受欢迎和关注，它给师生带来的学术前沿理论以及拓展高层次学术视野有着重要的意义。

对师生而言，讲座资源是十分重要的，既是学术借鉴，也是知识升华，更重要的是讲座内容中包含着讲述者个人的智慧结晶，可以启迪听众的思想，开拓教师和学生的研究思路，是极为宝贵的智力资源。这些宝贵资源对学校来说不应是一次性的消费品，随意流失，应该很好地加以保存和保护。

高校图书馆是学校文献信息收集和保障的服务中心，讲座资源也是学校文献信息的组成部分。图书馆具有讲座资源收集、整理、存储入库和应用开发管理的责任，应高度重视对讲座资源的管理工作，加强对讲座资源的深度开发和信息服务平台的应用管理。讲座资源开发与共享一方面作为学术资源可以丰富图书馆的特色资源库，进一步提升学校的影响力；另一方面作为共享资源突破了时空限制，可以使更多的人共享讲座，既发挥了讲座的作用，也提高了学校的知名度。

2.图片资源

过去传统的书籍、报刊资料中，除了画报、摄影等书刊外，大多数书籍都是以文字形式出现的，这就会出现一个问题，有时作者用了大量的文字讲述和说明，到最后读者还是难以有一个直观的印象。数码科技和智能电子产品，为我们带来了海量的图片资源，相较于文字，图片资源能够准确、形象地反映和解决问题。现在图片资源的数量巨大、题材繁多，具有分散性、易失性，使得图片资源急需收集和管理。

高校图书馆一方面应立足于学校本身历史和发展的需要，把学校发展中的重大事件、教学与科研、学术交流及重大活动等图片资料作为学校历史性资料加以整理、开发利用；另一方面对收集到的一些老照片、珍贵记忆图片、拓片资料等进行加工整理，形成系统化、有特色、便于利用的特色资源库，进行有效的管理和开发利用。

3.视频资源

在新媒体环境下，涌现出了众多的视频资源，内容纷繁复杂，视频以其声音和视觉的双重冲击给受众留下深刻的印象，声情并茂的视频资源越来越受到用户的欢迎。无论是学术报告、讲座，还是多媒体课程，声情并茂的视频可以很好地将听众带入当时的环境中，感受到主讲人的个人魅力，与观众一起产生共鸣，起到传统手段所无法起到的效果。

高校图书馆应该把视频资源管理和开发利用上升到关系学校发展方向和发展空间的高度，因为新媒体环境下资源共享越来越广泛，必然会打破教师在课堂上对学生授课的模式。现在高校教师资源已经非常紧张，正处在一个量变到质变的过程，再进一步就会打破平衡，到矛盾不可调和的时候，只有改变才能解决问题。所以高校应该抓住现在着眼未来，开始在视频资源上下功夫，研究视频教学和教师授课之间的科学分配，充分发挥视频资源的教育性、学术性、权威性、时效性、知识性等特点，使之成为高校教学的有效补充和有力支撑。另外，发挥视频的娱乐性、适应性、知识性的特点，将高校图书馆知识生态系统打造成为具有权威性、学术性和寓教于乐的知识共享平台，不断扩大高校的影响力。

4.微信、微博等社交工具

新媒体环境下各种社交软件层出不穷，这些社交软件的应用使得每个人都可以创造知识。通过高校图书馆知识生态系统提供的社交平台，读者可以自由发挥、发表个人看法，不同的社交圈形成不同的社交人群，大家在交流相同的问题时智慧的火花在无数次的碰撞中显现，可以给其他人以启迪。同一个社交圈的人群更容易达成共识，学校老师之间、老师和学生之间、学生与学生之间可以形成不同的社交群体，不同的群体之间都有交集，群体内可以用它进行学习、教学、科研和个人知识管理，群体间还可以一起协作，这样群体之间能够零距离、零壁垒地相互汲取这些最鲜活的思想。

四、新媒体环境下图书馆学科服务的概念及特征

（一）新媒体环境下高校图书馆学科服务的概念

学科服务是为了满足用户需求，是高校图书馆主动改革创新的一种新型服务方式。以前高校图书馆的服务方式与现在高校图书馆相比是封闭的、被动的、单一的检索服务。在新媒体环境下，高校图书馆被迫走向开放的、主动的、针对性的、一对多的服务模式。但是这种服务依靠松散的、单一的个人无法完成，促使高校图书馆组建学科服务团队。学科服务团队作为一个组织，它是人们按照一定的目的和任务建立起来的社会机构或团体。作为团体首先要解决的内部问题是所有成员都统一到一个明确的目标下，

秉承同一种理念，为同一个任务而共同努力。所以图书馆学科服务团队在团队内部开展知识的共享和交流，通过共享和交流不但能够快速提高队员之间知识结构的相互调整和融合。同时，团队人员的知识水平也会不断提高。

互联网技术和移动通信技术的迅猛发展使数据库技术、数据处理系统、信息服务平台、移动终端也相应地得到了飞速发展，为开展学科服务提供了技术保障和成果展现的载体。高校图书馆的学科服务团队利用这些技术对知识进行收集、整理、分析、加工、存储和应用。

高校图书馆学科服务是伴随着知识流转的多环节过程，是学科服务团队根据用户提出的需求，把自身掌握的、收集整理的知识资源加工处理后提供给用户的过程。在学科服务的过程中，有两大活动主体，一个活动主体是图书馆学科服务团队人员，另一个活动主体是图书馆的用户，他们的知识交互平台是高校图书馆的信息服务平台，交互的内容是用户所需要的图书馆学科知识资源。其间，知识资源在服务过程中的流转形式主要有三种。

1. 从"图书馆馆员"到"图书馆团队"的流转形式

学科服务团队的馆员中，不同馆员的学识、知识储备、自身的技能、经验是不一样的。为了完成团队分配的学科服务任务，成员间寻求帮助，学习完成学科服务任务所需的技术知识或其他的经验技巧，也会提供自己的知识分享。当团队成员形成了主动分享知识的动机时，会将自身知识分享给其他成员。在学科服务过程中团队成员既可以作为知识的提供者，也可以作为知识的接受者。

2. 从"图书馆学科服务团队"到"用户"的流转形式

当图书馆用户向学科服务团队提出要求后，或是学科服务给用户反馈信息时，都要经过信息服务平台，利用新媒体技术把知识资源传递给用户，完成学科服务活动。

3. 从"图书馆馆员"到"图书馆学科服务团队"的流转形式

在学科服务过程中，为了提高团队成员的知识存量和改善团队成员的知识结构，成员会将自身的知识提供给团队，团队通过存储和组织知识资源实现知识共享。其他馆员通过信息服务平台可以学习知识，通过这个知识流转过程把个人知识转变成团队的整体知识。

（二）新媒体环境下高校图书馆学科服务的特征

新媒体环境下图书馆学科服务是一个复杂的、人工的系统网络服务结构，也是一个知识生态系统，依靠知识主体、知识资源、知识技术、知识环境四要素的共同作用，合作完成。具体来讲，学科服务具有以下特征。

1. 整体性

在学科服务的过程中，用户所需要的知识资源首先被收集在一起，经过系统地加工，再经过信息服务平台提供给用户。这个过程运行是依靠各要素之间的关联度联系在一起，共同构成一个有机整体。各个要素之间相互联系、相互作用、协同工作，它们之间关联度的变化会带来整个系统的变化，影响学科服务的效果。学科服务是在本身的自变量和外界多变量的共同作用下完成的复杂活动过程。

2. 互动性

高校图书馆的学科服务是通过信息服务平台"一站式"服务完成的，它既可以供用户交流使用，也可以为用户提供信息共享服务。在共享服务中，不但可以供用户共享，还可以为学科服务团队内部成员共享。它的交流可以是服务团队与用户之间交流，也可以是团队内部交流，还可以是用户之间交流。与用户的交流是确保学科服务充分、高效进行的前提条件。新媒体环境下的泛在性使得信息可以实现实时服务，用户可以及时反馈学科服务中存在的不足，以便于高校图书馆学科服务团队可以更好、及时地了解用户的需求变化，及时更改学科服务信息和内容，激发用户的主观能动性。

3. 动态性

互联网时代，高校图书馆被看作是一个知识生态系统，它是具有生命力的，是时刻变动着的。这种变动是无处不在的，团队的成员之间、成员与用户之间都在不停地进行着知识的共享，他们之间的交互作用会引起知识因子的变动，知识因子的变动会影响知识共享过程的变动。知识资源不断地被整合、加工、处理，它本身就是在不停运动和变动着的，知识共享总是处于从平衡到打破平衡，再复归平衡的动态过程。另外，用户的改变、队员的更替都会加大学科服务团队学科服务的动态性。

4. 泛在性

所谓泛在，就是突破了时间和空间的限制，无处不在、无时不在。在数字资源中，由于文献载体已经从纸质存储发展到电子文档、音频和视频文件等。因此，伴随着新媒体环境下移动技术和网络技术的运用越来越广，用户可以随时利用移动客户端获取所需要的数字资源信息。由此可见，新媒体环境的核心特点是"泛在"，在泛在环境下的高校图书馆学科服务也同样具有泛在性。

五、图书馆学科服务国内外研究现状

（一）图书馆学科服务的国外研究现状

学科服务是社会生态环境的组成部分，它随着社会的发展而发展，新媒体环境下高校图书馆学科服务伴随着多媒体技术的兴盛而兴起。美国卡内基梅隆高校图书馆第一个提出"学科前沿的跟踪服务"的概念，高校图书馆学科服务方式开始正式出现。这些年随着网络技术和移动技术的进一步发展，高校图书馆学科服务也蓬勃发展起来，在国外很多高校已经发展成熟，开始系统地提供学科服务。国外学者在图书馆学科服务团队的组建、学科服务的模式等方面做了大量的研究，并将研究成果运用到实践，积累了丰富的实践经验。

1. 学科服务的内涵及学科馆员制度研究

学科服务是高校图书馆在新媒体环境下利用计算机技术和网络技术为用户提供有针对性的系统信息服务。第一个推出"跟踪服务"是学科化服务的是卡内基梅隆高校图书馆，首次提出"学科前沿的跟踪服务"的概念。然后俄亥俄高校图书馆推出了"网络馆员免费导读"服务模式，这两所大学是最早推出学科服务的典型代表。学术界开始对学科服务提出了不同的理解，有些学者认为学科服务是高校图书馆信息服务遵循历史发展规律而必然出现的新模式。图书馆应该根据不同学科特点而设立学科服务的模式，这样才能为不同学科的用户提供更符合要求的服务。

学科服务的概念提出后，国外一些大学的图书馆纷纷开始实践探索学科服务模式，美国和加拿大是率先实行学科馆员制度的国家。在美国，第一个实行学科馆员制度的是内布拉斯加林肯高校图书馆，经过多年的实践，已经形成了完善的学科馆员制度。对于学科馆员概念的理解，大体有两种观点：一种观点认为学科馆员应该参与用户的教研行为，嵌入教研的整个过程；另一种观点认为学科馆员应该具有相当丰富的学科知识，能够为某一学科的用户提供专业水准的信息服务，包括对专业文献的选择和评价服务。

2. 学科服务技术及平台构建研究

高校图书馆之所以能够提供学科服务取决于两点，第一，高校图书馆拥有先进完善的设施或技术手段；第二，高校图书馆能提供前沿的、全面的专业信息。如果高校想要推广这种服务，首先要有过硬的学科服务信息，才能吸引用户寻求服务；其次要不断与用户沟通交流，随时掌握用户需求，不断改变自己的服务内容。这些功能的实现完全依赖学科服务平台。国外高校图书馆在进行学科服务时，首先注重设施的投入和技术应用，其次要全力打造和建设先进的学科信息服务平台。

在建设高校信息服务平台时，可以采用"拿来主义"的方式，把相关的技术研究构建到图书馆的信息平台中，借鉴使用外来技术，把信息平台的服务功能做大做强。只有这样，用户通过使用信息服务平台，才能实现提升学科服务的质量和水平。在学科服务的过程中，图书馆信息服务平台首先应该满足原有的传统服务手段，还应该在新的技术环境下不断探索、开发、使用新的服务模式，以适应社会发展的潮流。随着互联网、移动通信技术的发展，高校图书馆还可以通过信息服务平台，跨媒体整合信息资源，提供多种服务方法，如嵌入式、自助式、个性化服务等多种服务方式以满足用户的不同需求。

3. 高校图书馆学科服务的内容评价研究

高校图书馆学科服务团队以知识收集、整理、分析、创造、存储和共享为任务，以提供知识共享为服务内容，它的主要价值体现为为用户提供学科服务，所以对高校图书馆学科服务的评价主要是服务内容评价。国内一些学者构建了图书馆学科服务的评价体系，包括用户、学科馆员、信息资源库、知识库、知识服务平台、学科馆员服务平台，还介绍了美国一些高校图书馆的应用情况，提出了优化学科服务管理的管理措施。

（二）图书馆学科服务的国内研究现状

受计算机技术、网络技术和移动通信技术等科学技术以及社会生态环境的影响，国内学者对学科服务的研究较晚，高校图书馆学科服务的实践探索刚刚起步，国内的研究很多是借鉴国外的研究成果。1998年，清华高校图书馆首开学科服务的先河，引入学科馆员制度。自此之后其他高校图书馆开始尝试学科服务模式的实践探索，先后建立学科馆员制度、学科服务在国内进入起步阶段。用户之所以需要图书馆提供学科服务，一方面缺乏大型的专业化设备和技术手段处理数据提取用户所需的信息；另一方面缺乏专业团队分析前沿学科信息，无法把握学科的发展方向和总结归纳某一领域前沿的学科专业特点。目前，我国高校图书馆还存在着一些不足，如专业化设备的投入不足，专业化系统软件开发不够成熟，专业化人才的引进滞后，专业化运作的学科服务团队尚未成立或虽然成立但经验不足，用户群的市场培育缺乏吸引力和动力，使得学科服务难以满足学科用户的信息需求。

1. 图书馆学科服务团队建设研究

目前，我国高校图书馆学科服务正处于由馆员向服务团队开展学科服务转型期，适合我国高校学科服务团队的定义、功能定位和组织架构还在研究当中。一批最早的学者借助于欧美高校学科服务团队的经验，开始研究探索适合我国的高校学科服务模式。2005年，成兆珠提出应该组建学科读者服务团队，并且阐述了组建原则、建议和价值意义。[①]2010年后，国内学者对学科服务展开了深入的研究，颜世伟、付佳佳、菜梅等一些学者开始对学科服务团队进行了新的诠释。付佳佳等结合某些高校学科服务的创新实践活动，提出了健全图书馆学科服务机制和优化学科化服务团队的建设模式。[②]万文娟认为，当前国内学科服务在人员、制度和管理等方面存在很多问题，并针对存在的问题，提出了意见和解决的方案。[③]

2. 图书馆学科服务团队的组织管理研究

---

① 成兆珠.高校图书馆学科读者服务团队的建设规划[J].图书馆论坛,2005(5):79-81.
② 付佳佳,黄敏.高校图书馆学科化服务团队建设模式探析[J].图书馆,2011(12):45-47.
③ 万文娟.我国高校图书馆学科服务团队建设问题与策略分析[J].国家图书馆学刊,2015(2):13-15.

第三章 高校图书馆的新型服务模式

高校图书馆学科服务团队的服务受到高校和社会环境双重因素的影响。如何组织管理好学科服务团队关系到是否能够及时根据客户的需求提供针对性的个性化服务，真正为高校的学科建设提供理论支撑和信息支持，为社会用户提供所需的信息服务。耿向博等针对地方院校图书馆学科服务团队的组织策略进行了探讨[1]，王静等针对高校图书馆个体馆员智力向学科服务团队组织智能管理转化过程，提出学科服务团队组织智能管理实施策略，力争有效提高 Web 环境下高校图书馆学科服务团队组织的服务能力。[2]

3. 图书馆学科服务团队的服务模式研究

我国高校图书馆学科服务团队的服务模式应该立足高校学科建设规划和科研人员的科研团队结构模式，针对专业人才引进滞后的问题，在学科服务团队的构建上打破图书馆框架，动态吸纳相关专业人才，采用内外兼收、刚柔相济的管理模式。范翠玲等提出了基于岗位设置的学科服务团队的学科服务模式，她提出对服务团队人员采取动态管理的方法，采用绩效考核的办法优化服务管理。[3]

4. 图书馆学科服务团队的服务评价研究

服务评价是指对高校图书馆学科服务团队提供的服务信息内容进行科学评价。楚存坤等利用层次分析法构建了图书馆学科服务能力评价模型。[4]杨彦春构建了高校图书馆学科馆员服务评价指标体系，试图改进学科馆员

---

[1] 耿向博. 高校图书馆学科服务团队的组织策略探索[J]. 产业与科技论坛，2014（3）：251-252.

[2] 王静，王勇. 高校图书馆学科服务团队组织智能管理研究[J]. 情报理论与实践，2012（10）：15-18.

[3] 范翠玲，叶文伟. 基于岗位设置的普通高校图书馆学科化团队服务模式探讨[J]. 图书馆建设，2014（1）.

[4] 楚存坤，孙思琴，韩丰谈. 基于层次分析法的高校图书馆学科服务评价模式[J]. 大学图书馆学报，2014（6）：86-90.

制度。[①]

(三)国内外研究现状述评

图书馆学科服务经历了一段时间的发展已经初见成效,学科服务正在由单一馆员向团队合作的形式转变。学科服务团队以用户学科知识需求为导向,开展学科服务创新服务,力争满足用户的不同需求。目前,国内学者对于图书馆学科服务团队的研究主要停留在团队的组建和服务模式的探讨层面。

新媒体环境下的网络技术和移动技术为图书馆学科服务提供了较好的工具和平台,图书馆学科服务不再是传统、单一的信息服务模式,而是以学科服务团队针对不同用户的不同需求提供信息服务。

目前,对图书馆知识生态系统的研究大多数停留在构建图书馆知识生态系统的理论研究阶段,对构建知识生态系统的构成要素及其相互关系研究也多数停留在理论方面,把知识生态系统的理论研究付诸实践的研究还不多,应该把理论与实践联系在一起进行深层次的探索。

第五节 高校图书馆嵌入式学科服务体系构建

一、高校图书馆嵌入式学科服务的产生背景

在新媒体环境下,因为受到科技与信息发展的冲击,过去单一、封闭的被动式服务已经不适合高校图书馆了,利用移动技术和网络技术构建学科服务团队,以此向用户提供个性化、针对性的学科信息服务,才是高校图书馆的主要趋势。现在,伴随网络化和数字化信息技术的发展,学术信

[①] 杨彦春. 论高校图书馆学科馆员服务评价体系的构建[J]. 农业图书情报学刊,2011(2):182-186.

第三章 高校图书馆的新型服务模式

息交流环境发生了根本性的变化，传统的图书馆服务内容和服务方式已经不能适应数字信息环境下用户信息需求与用户信息行为的变化。高校图书馆的信息服务是社会大环境的组成部分，它随着社会的发展而发展，随着科技的进步而进步，为顺应数字信息环境变化，高校图书馆变被动式服务为嵌入式学科服务，由传统服务形式逐步向个性化、知识化、学科化服务形式转变。

嵌入式学科服务流行于20世纪英美高校图书馆，是一种由高级专门服务人员进行对口服务的学科馆员服务模式，20世纪六七十年代，学科馆员服务模式达到了较为普及的程度。1998年，我国清华高校图书馆正式引入学科馆员制度，标志着我国高校图书馆开始进入了学科服务时代。2006年6月，中国科学院文献情报中心建立了学科馆员制度，对科研人员正式开始一对一嵌入式服务。

嵌入式学科服务是一种以用户为中心，以需求为驱动，需要学科服务人员参与用户教学与科研管理工作，嵌入用户工作过程，是一种针对性的、深度融合的个性化服务模式。嵌入式学科服务重点在于嵌入，怎么嵌入是手段，嵌入用户学科信息空间和科研项目全过程，利用学科馆员的专业知识，加强与用户的沟通交流，消除图书馆与用户之间的隔阂，真正成为项目团队的一员，在双方共生的工作氛围中，为用户提供随时随地的全方位服务。

嵌入式学科服务贯穿于科研用户科研的全过程，嵌入并非简单的介入，而是全力以赴的融入，不但要提供辅助类的宣传、咨询、培训等这些基础性的服务，而且要提供优化用户信息环境、专题信息定制和学科态势分析等针对性、个性化、深层次的服务，为科学研究提供有力的信息支撑。

（一）传统服务的不足

在新媒体环境下，网络技术和移动技术快速发展，信息传输广泛普及，它打破了空间和时间的限制，人们越来越便捷地通过网络平台获取信息，信息内容也可以涵盖几乎所有能想到的领域，信息量越来越大，逐渐成为全社会获取信息的首选。高校图书馆的服务被极大地削弱，进入图书馆接受其传统服务的人数越来越少，高校图书馆越来越成为自习教室，传统的图书馆服务模式已经不适应用户的需要，迫使高校图书馆在新媒体环境下寻求新突破，构建新的服务模式，重新占领服务市场。在新媒体环境下传统服务仍然存在一些问题：

第一，传统服务是"坐等上门"式的单一被动服务。图书馆传统服务方式多采用面对面、一对多、一对一的信息服务方式，所提供的服务内容是图书馆馆藏的内容。

第二，没有主动服务的意识。图书馆传统服务是没有驱动力、被动式的服务，对图书资料的相对垄断性，决定了它不可能有主动服务的意识。在新媒体环境下的当下，多媒体技术已经改变了人们的生活方式，提起信息，大家大都去网上查询，很少还有人想到去图书馆查询。资源服务方式的无中心化，彻底打破了图书馆的"垄断地位"，图书馆过去的服务已变得可有可无，面对用户行为实际化、现实化，个人服务需求的复杂化、多样化等特点，图书馆信息服务方式被迫需要进行改革。

第三，服务手段较为落后。在新媒体环境下，传统服务不能提供便捷的信息共享平台，用户获得信息的渠道不够畅通；不能及时与用户沟通交流，不能及时准确地了解用户需求，提出切实可行的解决方案；不能针对不同用户的不同需求提供针对性、个性化服务。

第四，服务功能不够完善，服务对象不够全面。传统服务所提供的服务是单一的"检索服务"，主要是图书借阅、文献检索、文献传递、参考咨询等内容，面对用户行为实际化、现实化，个人信息需求的复杂化和多样化，不能提供个性化的、定制的服务。服务对象是针对来馆的读者，不能向社会大众提供信息服务，也不能对学校的学科建设提供有力的信息支撑。

第五，没有建立真正的服务与被服务的关系。图书馆提供传统服务的主体与服务对象之间是松散的关系，没有约束力和吸引力，彼此之间没有有效的沟通和交流，难以提供个性化的、针对性的服务。

（二）用户信息需求的演变

首先，图书馆用户需求内容的演变。人对事物的认知是随着时间的改变和实践的深入而不断发生变化的，用户的信息需求也在随时发生改变，图书馆传统服务中馆员与用户的沟通与交流不畅通，造成馆员不能及时了解用户需求的变化，提供的被动式信息服务随着时间的变化已经不适合用户需求。跟踪式、嵌入式的信息服务变得越来越迫切。

其次，图书馆用户信息需求行为的演变。在新媒体环境下，用户更喜欢借助移动平台终端设备和网络技术在线检索和获取信息。对高校图书馆而言，利用新媒体技术，收集、整理、分析知识资源，运用平台技术共享知识才是图书馆服务的现实根本所在。

二、高校图书馆嵌入式学科服务的内涵

（一）高校图书馆嵌入式学科服务的定位

互联网通信技术的快速发展改变了图书馆用户的行为方式，改变了以前只有去图书馆才能获取学习资料的渠道，传统图书馆知识资料"存储仓库"的职能正在发生巨大的改变。传统的以沟通联络为主要特征的学科服务也不能满足数字化科研交流环境的需求，嵌入式学科服务正是图书馆为适应这种新的网络技术而产生的一种崭新的服务方式。

对于嵌入式学科服务，初景利教授认为：通过图书馆员嵌入用户过程和场景，有机地将图书馆的资源和服务与用户的需求相结合，在用户的需

求点，主动地根据用户的科研教学需求，提供即时、有效、有深度的知识和信息服务，直接支撑用户的科研与教学，建立与用户的合作伙伴关系，充分实现图书馆的价值与功能。[①] 简单点来说，嵌入式学科服务的服务对象是高校图书馆用户，包括教师、学生、科研管理人员等；所使用的工具是现代化的计算机软件、新媒体技术、操作系统和信息服务平台等；服务的场所是用户所在的工作地点；服务的内容是用户所需要的与学科知识相关的信息需求；服务的方式是主动式嵌入服务；服务的目的是为用户提供学科服务以及知识资源。嵌入式学科服务的基本特征是嵌入，即嵌入用户的工作场地，嵌入用户的学习、教学、科研与管理的过程中，与用户协同合作。嵌入式学科服务的主要特征是以用户的需求为服务的目标，重在参与全程。嵌入式学科服务的主要内容涉及与用户的工作、学习、科研、管理相关的各个方面。

嵌入式学科服务是当前信息环境下图书馆服务的必然选择和发展趋势。它要求以市场化的方式处理和管理与用户的关系，从用户的现实需求和潜在需求出发对用户需求进行针对性分析，发挥自身优势，利用一切资源，运用成熟的数据处理系统集成融汇各种知识资源，提炼凝聚针对性、个性化信息为服务对象所用。在服务过程中运用多种方式加强交流及合作，满足用户信息需求，有针对性地拿出解决方案。充分利用自身优势挖掘用户的潜在需求，满足用户知识需求，成为用户不可替代的合作者，为用户提供知识资源和信息服务。

嵌入式学科服务内容将随着用户科研模式和信息行为的变化而改变，也会由普遍服务转向个性化服务，学科馆员首先要突破角色转变，逐步转变为学科信息专家。

---

① 初景利，孔青青，栾冠楠. 嵌入式学科服务研究进展 [J]. 图书情报工作，2013（22）：11-17.

第三章 高校图书馆的新型服务模式

（二）高校图书馆嵌入式服务内容

高校图书馆传统服务主要为用户提供文献保障与文献信息服务，随着新媒体技术飞速发展，用户可以方便快捷地从网络上获取自己所需信息。与之相比，到图书馆查阅资料显得笨拙、费时费力、难以达到预期效果，使得图书馆不得不思考如何顺应时代的要求，在新媒体环境下求得突破。图书馆过去的资源优势已经没有了，只有改变自己的服务方式，由被动变为主动，由坐等上门变为主动上门，将图书馆服务的中心从以文献为中心转向以用户为中心，嵌入式服务应运而生。

美国斯坦福大学教授马克·格兰诺维特 1985 年发表了《经济行动与社会结构：嵌入问题》一文，标志着嵌入理论正式被引入了学术界。南康涅狄格州立大学 Bliley 图书馆的远程教育馆员则于 2005 年 4 月提出了"嵌入式图书馆员"的概念。由此，嵌入式服务开始进入高校图书馆，图书馆馆员的岗位工作也发生了相应地变化，涌现出了信息工作人员、信息联络员等新的工作身份。这些工作人员，离开自己的办公桌，利用他们的专业知识和市场营销技巧，和用户建立起密切的伙伴关系，更好地服务于特定的用户群体。图书馆员的个人能力和专业技术在学科服务的过程中不断地发挥着重要的作用。

嵌入式学科服务的主要工作内容是针对某一学科进行服务，服务的内容是图书馆的专业知识资源，所以，图书馆要具备有着不同专业方向的服务馆员。不同的用户有着不同的专业背景与学科需求，这就要求图书馆的馆员要由具有不同专业背景的专业人才担任，这使得高校图书馆馆员不仅要有图书馆的知识查询、信息检索、文献传递等自身业务的工作经验和业务水平，还要十分熟悉和了解用户的学科领域知识。因此，图书馆员培养的是专业的复合型人才。现在高校图书馆都根据自身学科优势和特点积极探索实践嵌入式服务，为用户提供融入全过程服务，有机地融入师生的教学、科研和学习之中。

（三）高校图书馆嵌入式服务实践

1998年，清华高校图书馆实行学科馆员制度，标志着国内学科馆员服务模式正式开始实施。2006年，中国科学院文献情报中心实行嵌入科研的学科馆员服务模式，标志着嵌入式学科服务模式实践的开始。

1. 嵌入到师生科研项目活动中的服务

高校图书馆成立的目的是为高校教学科研服务，嵌入式服务首先面对的用户是学校的科研项目活动。学科服务人员作为科研工作团队中的参与者，为科研团队提供与科研题目相关的国内外研究情况、最新资讯、高水平的期刊、图书等信息，并随时提供信息更新服务，对科研团队及其竞争对象的研发实力、市场竞争力等进行分析与评价。从项目的选题到成果转化等各个环节提供全程式的知识信息服务。

2. 嵌入到日常师生"教与学"活动的服务

嵌入"教与学"活动的主要任务是图书馆员有机地将学科知识与专业课程结合起来，发挥知识信息的优势，把专业课程的前沿信息和发展方向嵌入到用户课堂或者嵌入到网络教学平台，通过与专业教师协作配合使学生更好地站在专业领域制高点，辅助学生学习专业课，读专业期刊、了解所学专业的前沿研究方向，培养专业素养能力和前瞻能力，增强学生的学习能力。

3. 嵌入到日常学习、生活中的服务

高校图书馆知识生态系统是一个有机的传播知识整合体，它的学科服务团队既可以为嵌入式服务输送人才，也可以利用完备的设施和平台技术，在知识环境中争得一席之地。图书馆通过移动图书馆、数字图书馆和知识共享平台来延伸服务，嵌入到用户的工作、学习、科研、管理、生活的方方面面，确实提高了服务水平，方便了用户。

（四）高校图书馆嵌入式服务的优势

嵌入式学科服务是利用计算机技术、数据库、数据处理系统将信息进行提炼、分析，针对用户的需求生成新的知识服务。嵌入式服务的优势体现在以下几个方面。

1. 观念先进

嵌入式学科服务是在新媒体环境下，根据网络信息全时段、全空间、开放式的特性，发挥自身信息资源优势，与现代科技相结合，依靠独特的信息提炼成果为用户提供主动式资源服务。现代科学技术日新月异，信息服务平台和移动客户端不断更新变化，图书馆在实践中不断改进嵌入式服务水平和理念，积极投身到信息服务系统内。

2. 进一步拓宽服务对象

图书馆的嵌入式服务是在保留原服务的基础上，利用现代科技手段开拓的新领域，运用成熟的共享平台技术，一方面，进行知识的生产、加工、共享，同时提供信息交流和传递的职能，这种交流是交互式的，图书馆与用户之间、用户与用户之间都能在平台上实现无障碍交流；另一方面，嵌入式的核心是针对不同用户、不同需求，实现一对一的、全过程的个性化服务。随时随地把更高价值的信息服务及时提供给用户，从而使协同创新的效益得到提高，同时也提高了图书馆员的影响力。

3. 实现真正的合作关系

嵌入式学科服务是在双方彼此信任的合作态度下，提供嵌入式服务，建立与用户之间不可替代的伙伴关系，通过协作完成信息服务的最终目的。嵌入用户工作流中，根据时间和环境的变化提供适应用户信息需求的针对性解决方案。充分利用自身优势挖掘用户潜在的特性，满足用户潜在的、无法自主实现的信息需求，为用户提供所需要的专业知识资源。

三、高校图书馆嵌入式学科服务的意义与发展前景

（一）嵌入式学科服务的意义

1. 嵌入式学科服务是一种新服务模式

嵌入式学科服务打破了物理意义上"馆"的范围和概念，体现了图书馆走出去、上门服务、以用户为中心的新理念，是图书馆被迫进入市场依靠服务和资源摆脱困境、重新赢得用户的一种新型服务模式。

嵌入式学科服务根据用户需求，充分调动图书馆学科服务团队人员的专业特长为用户服务。根据用户专业领域特点、世界前沿学科理论信息、同行的竞争力和用户信息环境，以带入的角度对用户需求进行针对性分析，运用成熟的数据处理系统集成融汇各种知识资源，提供个性化信息为服务对象所用。实现了图书馆基于资源的中介服务向基于用户需求的转变，从坐等上门服务转变为嵌入用户环境的主动上门服务，实现高校图书馆的服务效益和影响力的最大化。

2. 嵌入式学科服务是一种新型服务机制

嵌入式学科服务以市场需求为驱动力，把图书馆与用户的距离拉近了，通过密切联系和交流，建立了一种新的有机融合服务机制。通过这种机制，学科馆员真正投入到用户团队中去，利用掌握的信息优势嵌入用户解决问题的全过程，与用户建立紧密互动、不可替代的伙伴关系，以此发现用户科研活动过程中急需解决的问题，或用户没有发现的潜在问题。

3. 嵌入式学科服务是一种新的知识服务范式

图书馆的嵌入式服务归根到底还是要利用图书馆现有的知识资源，利用新媒体环境下的网络技术、移动技术和计算机技术建立起专业的学科服务团队，为用户提供学科服务。这个服务过程不仅是为用户提供所需要的信息，而且还是一个知识生产、应用、传递的过程。换句话来说，就是对

图书馆的知识资源进行收集、加工、处理和反馈的管理过程。

（二）嵌入式学科服务的发展前景

现在，社会科学技术日新月异，各种新思维、新理论层出不穷。在这样的信息环境中，用户越来越依赖信息。而这些信息，如果只是由用户个人和非专业的团队来进行搜集、整理和提炼，那是不现实的。而高校图书馆，在新媒体环境下做好定位，重新选择服务方式则可以很好地应对人们的这种现实需求。如此一来，高校图书馆和用户就找到了共同的契合点，一个要在信息输出上实现突破，一个迫切需要信息支撑。两者相结合衍生出嵌入式学科服务模式。随着嵌入式学科服务不断实践和深入开展，在巩固和完善的基础上，需要进一步深化服务，在打造可持续服务上下功夫。

1. 提升核心知识资源服务能力

嵌入式学科服务是学科馆员嵌入用户信息过程、责任绑定的服务，需要学科馆员或学科馆员团队通过长期跟踪用户需求、深入研究用户信息环境、构建突出的特色能力。面对用户日益增多的需求和数字环境的复杂变化，学科馆员的职责和学科服务的功能也将从学科馆员1.0到学科馆员2.0，并逐步转向学科馆员3.0。随着嵌入式学科服务的不断深入，图书馆员个人对用户的服务和影响力逐渐体现到图书馆这个整体上。代表图书馆进行具体化服务的组织是学科服务团队，团队把个人的经验、知识变成团队的经验、知识，通过再造和升华成为新知识，作为团队输出和共享的重要资源，形成可持续发展的知识服务能力。目前，各高校开展的嵌入式学科服务只是整个学科服务初级化的服务内容，高校图书馆学科服务团队是图书馆真正为用户打造的、全面的、全方位的知识服务团队，各高校要不断地提升图书馆核心知识资源的服务能力，为用户提供更加满意的学科服务。

2. 深化服务内涵

嵌入式学科服务符合当前社会环境和科技水平，已经开始的实践和探索证明嵌入式学科服务是切实可行的，已经取得良好的服务效果。但我们还应该清醒地认识到前面还有很长的路要走，新媒体环境下科技进步日新月异，嵌入式学科服务的具体服务模式以及其内涵需要不断深化，包括图书馆信息分析利用的集成化、信息收集提炼系统的专业化开发、学科发展方向的智能化模拟、用户需求的深度分析与学科领域发展方向等方面的内容，应努力使嵌入式学科服务发展为成熟的服务运作模式，真正适应当前的市场需求。

3. 扩展服务外延

高校图书馆的嵌入式服务模式实现了面对面的服务方式，将传统的被动服务，变为现在的一对一嵌入式服务，为学校不同用户的学科服务工作做出了巨大的贡献。但作为图书馆来说，它强大的信息处理系统和学科服务团队生产和共享的产品远远不只这些，图书馆知识生态系统作为社会生态系统的组成部分，理论上它可以深入到任何一个领域并为之服务。这样，以嵌入式学科服务为代表的知识服务也可以扩展服务的外沿，为用户提供更深层次的服务。

第四章　高校图书馆服务质量的提升

第一节　为学习型社会服务

一、要充分认识学习型社会的重要意义

（一）学习型社会的涵义

所谓学习型社会，就是一个国家所有人，在所有时间、所有地点都需要学习，学习生存和发展所需要的知识本领。学习型社会的基本特征是不断学习，形成全员学习、终身学习、全过程学习、团体学习的社会风气。我国创建学习型社会，是时代发展、社会进步的必然产物，也是现代人自身发展、自我完善的必然要求。

（二）创建学习型社会的重要性

首先，学习是人类永恒的主题。在人类的生活中，学习是一项基本的活动。因为学习，人类才可以认知社会、了解社会，并获得自我发展和自我完善。在一个人的一生中，无论做什么事情，无论从事什么工作，都少不了学习。学习会伴随一个人终身，并影响其一生的发展。一个人只要愿

意学习、善于学习，就一定能得到进步和发展。学习不仅关乎个人，也关乎整个人类社会，它是人类社会前进的动力。人类从蛮荒走向文明，从落后走向先进，都是人类学习的结果。在现今这个时代，知识的重要性比以前任何时代都要突出。人们也越来越深刻地认识到，学习不仅仅是个体的行为，更与国家和民族的生存与发展息息相关。所以，我们应该建立学习型社会，以此来不断推动人自身素质的提高及人类社会的发展。

其次，创建学习型社会是应对知识经济时代和信息革命的必然要求。目前，人类社会已经进入知识经济时代，知识与信息都被看作是非常重要的资源。在经济增长中，知识也起着主导性的作用，而我们人类的大脑则是创造价值的主要核心。人类生产活动能量的大小，主要就是看能否激活人类的大脑。而要做到这一点，人类就必须不断超越自己，积极创造、自主学习。而要创建学习型社会，就要不断提高社会的创新能力，通过进一步加大科技创新力度，加速运用先进科技来改造传统产业，以充分发挥科技在经济增长中的推动作用。当前，网络信息技术发展很快，不但产生了一个增长迅速的产业，而且对国民经济中的贡献越来越大。为了适应社会发展，我们就要加快信息产品制造业发展的步伐，加强信息基础设施建设，积极拓展信息技术的应用领域，当然最主要的还是培养一批高水平的信息化人才队伍。所以，创建学习型社会是适应知识经济快速发展的必然要求，也是跟上信息社会发展步伐的紧迫需要。

二、要充分把握图书馆与学习型社会的内在联系

（一）图书馆事业是创建学习型社会的重要组成部分

我国已进入创建学习型社会、加速推进社会主义现代化的新的发展阶段。这也是一个让经济更加发展、民主更加健全、科教更加进步、文化更加繁荣、社会更加和谐、人民生活更加殷实的发展阶段，但同时，它也要

求全体人民的科学文化素质、健康素质以及思想道德素质要有明显的提高。并且，当前的世界正在经历深刻的变化，全世界的产业结构调整加剧，知识创新与科技创新在经济中的作用变得愈发重要，新的挑战和新的问题层出不穷。所有这些都决定了我们必须不断学习与掌握新的知识，通过学习来提高我们自己。图书馆的工作就是组织知识、开发智力资源，促进知识交流，推动社会生产力的发展和人的素质的全面提高。由此可见，大力发展图书馆事业，就是创建学习型社会的一项非常重要的内容。

（二）创建学习型社会必然要求图书馆全面建设和发展

社会主义建设的经验告诉我们，要充分调动一切积极的因素，让社会中的每一个人都能各尽所能，充分发挥自身能力。让一切技术管理、知识、劳动的活力都竞相迸发出来，以为人民谋福祉。尊重创造、尊重人才、尊重知识、尊重劳动，这作为党和国家一项重大方针在全社会认真贯彻。创造、人才、知识、劳动，都与学习不可分割。我们需要在全社会达成一种奖励人才、崇尚知识的良好社会氛围，使锐意创新、积极进取、努力学习和创造性劳动深入人心。全民学习，终身学习，必须把图书馆建设和发展摆在优先发展的战略地位。

当前，人类社会已经全面进入信息时代，图书馆从原来的图书文献收藏库转变成现代化的信息中心。以信息化、数字化、网络化为特征的当代社会给现代的图书馆带来了深刻变化，服务网络化、加工数字化、格式标准化、载体多样化成为现代图书馆的新特点。高校图书馆应该尽快适应变化，加速实现现代化改造，更好地为人们素质的全面提高、经济发展和社会进步提供知识信息和智力支持。加快推进图书馆的现代化、网络化、规模化进程，为不同层次的人群提供多元化的学习支持。因此可以说，图书馆的全面建设和发展，不仅关系到图书馆事业，也是能否建成学习型社会的关键。全社会都应该重视图书馆事业的全面建设和发展，任何忽视图书馆全面建设和发展的观点都是与创建学习型社会反向而行的。

（三）创建学习型社会与图书馆建设和发展互为条件相互促进

唯物主义辩证法认为，事物的运动、变化、发展，是同事物的普遍联系不可分的。因此，建设学习型社会与图书馆的发展是互为条件相互促进的两个事物，是紧密联系在一起的。这体现在，一方面，图书馆的建设和发展对创建学习型社会具有能动作用；另一方面，学习型社会的创建也能对图书馆的建设与发展产生巨大的驱动力。一个国家能否持续发展，保持持续的竞争力，在很大程度上取决于国民的科学文化素质。因此，党和政府必然会越来越重视图书馆事业，提供较大的扶持力度，这也会给图书馆的发展提供更好的条件。

三、图书馆参与创建学习型社会的具体措施

（一）努力优化图书馆的基本设施

图书馆是创建学习型社会的重要阵地，因此我们要尤其重视图书馆内外部的基本设施建设。在图书馆的外部基本设施建设上，各地各级政府及文化建设部门应该认真做好图书馆的规划和设计。一定要充分认识到加强图书馆基本设施建设的必要性和重要性，切实做好图书馆设施的规划和建设工作，将其纳入城乡规划和文化设施建设的规划。图书馆设施的规划和建设，要根据各个地方的经济和社会发展情况、自然环境、历史沿革、人口结构和群众需要，因地制宜，完善功能，优化配置。在选址上，图书馆的所在地要能方便群众参加活动，以充分发挥图书馆的功能。另外，图书馆的基本设施要与周遭的环境相协调。如果有条件，可以增加图书馆的绿化面积，实现图书馆及其建筑的园林化，为入馆的人民群众创造更好的外部环境。

在图书馆的设计中，要充分考虑图书馆各个部分的功能，利用美学元

素，体现图书馆的民族特色、地方特色和时代精神，让图书馆既有思想高度，又有精神内质。在图书馆的内部基本设施建设上，应该设立普通的书刊阅览室、电子阅览室、影像室、语音室等。开设多功能报告厅，举办各种文艺科普展览的展览厅，以及供读者学习使用的学习室和研究室等。在馆内，要设置醒目的服务设施标志，科学合理地分布服务窗口，读者停车、存包等辅助的服务设施要方便适用。阅览室内可以布置一些名人名言、名人图像、成功格言、学习方法等，创造一种优雅的学习环境，也能给读者起到耳濡目染、潜移默化的作用。在图书馆营造出的安静优雅环境中，个体读者必定会被这种浓郁的学习氛围感染，也会更加坚定自己学习的信念，养成良好的阅读习惯。

（二）加强馆际协作，实行资源共享

馆藏建设是图书馆的一项基础性工作。一家图书馆的馆藏质量也会在很大程度上决定着其信息服务工作的质量。所以，图书馆必须拥有丰富的、高质量的图书资源，这也是吸引读者进入图书馆的关键。而且，有丰富的、高质量的馆藏资源，图书馆也才能有条件对读者展开教育活动。各地文化建设部门可以根据自身的特点，加大图书经费投入力度，使得图书馆有足够的经费购买高质量的图书。图书馆的采购人员要及时关注新书信息，及时采买那些知识性强，又符合读者口味的优秀书籍。在采购的过程中，采购人员不仅要关注专业图书，也要兼顾那些非专业的图书，既要采购纸质图书，也要采购光盘、录音带等电子形式的出版物。对于进入馆内流通的图书，要及时替换那些没有什么价值的旧书，优化本馆的馆藏结构，防止馆藏老化，提高馆藏质量。

现代图书馆的发展很重视资源共享，因此图书馆在进行设计规划时就应考虑怎么和其他图书馆进行联系，以学习为中心形成一个紧密的学习资源网络。在信息化高速发展的今天，文献资源越来越多，载体也日趋多样化。

读者的需求量越来越大，需求层次越来越高，单独的一个图书馆难以满足这些需求。现代社会无论哪一个图书馆都不应成为信息孤岛。如果一个图书馆孤军作战，故步自封，那么无论服务的范围，还是服务的内容都是远远无法满足学习型社会的需求的。所以，高校图书馆务必要通过适当的渠道，将自己的资源提供给他馆，也充分利用他馆的资源，以此来加强馆际合作，互通有无，加强网络建设，实现资源的共享，最大限度地为读者提供全面细致的服务。

（三）开展形式多样灵活的教育活动

在向学习型社会迈进的今天，图书馆有责任不断创新，把那些热爱学习的人民群众吸引进来。例如可以举办"信息讲座""情报讲座"，免费开设"文献检索基本知识""图书馆的利用""图书馆与个人、社会发展"专题课，让进馆的读者了解图书馆，并利用图书馆学会自主学习。另外，在学习型社会中，图书馆还需要意识到教育与职业之间有着十分紧密的联系。图书馆可以邀请各个行业的专家，在图书馆举办各类专题讲座和报告会，或者以市场需求为导向，开设各种职业培训班；还可以与工会、教育部门、劳动部门等组织机构合作，建立一套互为配合、互为补充的职业体系，从而激发读者的创造力和自身潜力，更好地为社会服务。

第二节 促进与读者的交流

高校图书馆应该多与读者进行交流，获取读者积极有用的建议，达到改善和提升图书馆服务质量的目的。但是，目前有的高校图书馆在这方面做得还不够，虽然大多数高校图书馆设立了"读书会""读者之家"等组织，但以此开展的读书交流会的内容也多比较单一，不能满足广大读者的学习需要。所以，如何在新的形势下，以图书馆为基地，搭建起与读者交流的平台,帮助读者解决在学习过程中遇到的各种难题,体验阅读和学习的乐趣,对倡导读者的终身学习,全面提升读者的综合素质,有着重要的意义。

一、加强读者间交流的积极意义

（一）促进信息的交流,满足读者的个性化需求

读者间的相互交流,要的是经过读者加工过的知识或信息,这样才能让读者在交流过程中很快地获取自己所需的知识或信息。读者间进行相互交流时,可以向别的读者请教自己想要解决的问题,满足读者的个性化信息需求,图书馆也能间接地完成对读者的个性化服务。

此外,图书馆也可以通过读者交流活动反馈的信息,知晓读者的真实要求,并据此不断完善图书馆的馆藏资源。读者交流活动中,话题还会涉及各种书籍资料、相关的作者等,这些都可能在读者中产生新的阅读诉求,促使读者在图书馆里借阅相关的图书,图书馆的馆藏资源将得到更充分的利用。

（二）有利于提高读者获取信息和实践的技能

高校图书馆一般在新生入校时就会开设讲座,详细介绍图书馆的设备以及信息获取、读书技巧的知识。这些知识需要读者在读书的实践中不断运用、总结和提升,充分的交流会让读者更快地掌握相关的知识。例如,很多读者喜欢通过互联网获取信息,一个共同面临的问题是怎么能够快速地找到自己需要的信息,怎么能够识别虚假的信息和恶意的网站等,通过读者间的交流,就能很好地提升读者的分析辨别能力,提高读者获取信息的能力。

通常,高校为让学生读者能够尽快适应社会的发展需要,获得更大的就业择业优势,在平常的教学中会非常重视学生的实践动手能力以及解决

问题的能力。通过学生读者间的交流活动，学生可以打破单纯信息交流的传统和专业的界限，提高自己的动手实践能力，了解就业和择业的各种方法和策略，还能进一步提高自己处理人际关系的能力。

（三）帮助学生更好地完成学业

"一专多能"是现代社会对学生的普遍要求，为此，有很多学生都会自学其他专业的课程，还有些学生甚至会参加第二专业的系统学习。在图书馆组织的读者交流会中，学生读者也可以因此得到更加个性化的服务。

1. 帮助读者更好地去选择工具书和辅导资料

高校学生其他专业的学习，一般都是通过学生自主完成的。在自主学习的过程中，工具书和资料是学生必不可少的工具。虽然高校图书馆拥有很多工具书和资料资源，但因为学生读者的个体差异，并不是每本书都普遍适用。通过读者交流会，可以让跨专业学习的学生得到专业学生的建议和帮助，低年级的学生可以得到高年级学生的建议和帮助。同时，图书馆也可以联系相关的院校，让那些愿意帮助别人的教师或学生来图书馆分享自己的读书心得，推荐适合不同层次学生需要的工具书和资料，或是帮助学生读者重新制定合适的学习目标。

2. 帮助学生有计划地安排学习，提高考试通过率

在教学过程中，考试是一个非常重要的环节，也是学校检查学生学习情况的重要途径。学生要想顺利完成学业，就必然要通过各种考试，例如英语能力水平测试、计算机能力水平测试等。而且，还有很多学生会参加各种职业资格考试，例如会计资格考试、教师资格证考试等。怎么才能更好地通过这些考试，是学生普遍关心的问题。虽然学校也可能会安排一些教师来辅导学生，但是这样的辅导毕竟时间有限。而通过读者交流会，学生读者可以彼此交流成功的经验或失败的教训，从而掌握一些有效的应试技巧。除此以外，那些顺利通过考试的学生也可以成为其他学生的榜样，

让他们坚定学习、考试的信心。定期或不定期的学习交流活动，可以为学生读者营造良好的学习氛围，也可以督促学生们有计划地、科学地、自觉地进行复习。

（四）帮助教师改进教学，促进科研工作的开展

在读者交流活动中，如果有教师的参与，教师就可以通过这种活动收集自己教学的反馈信息，让教师更好地了解学生的需要，明白自己教学中需要改进和完善的地方。另外，因为高校图书馆馆藏资源丰富而且有着很强的专业性和学术性，对高校外的读者有很大的吸引力，加上发达的互联网络，高校图书馆通常都会对外开放。这样，一些专业人士或从事技术性工作的校外读者也可以参与读者交流活动，通过与他们的交流，学生读者可以拓宽思维，进一步了解行业发展的趋势和社会的实际需要，也能够帮助教师开展科研立项工作，掌握一定的案例，丰富教学内容，提高教学活动的效果。

（五）全面提升读者的综合素养

1. 提高读者的文化素养

不同的读者有不同的爱好、兴趣，他们在图书馆中，除了希望获得新的知识以外，也希望能够提高自己的文化修养，例如对艺术、文学等方面的欣赏水平。虽然高校中不乏各类学生社团，如篮球协会、书画协会等，但这些协会能够吸纳的人数是有限的，而且需要成员要有这方面的专长，这与读者的愿望还是有一定差距的。而图书馆组织读者交流会，可以弥补读者自身文化素养的不足，加深他们对文艺、体育、文学的理解，也可以提高自己的欣赏水平。

2. 提高读者的综合表达能力

在各式各样的读者交流会中，读者间畅所欲言，互相交换彼此的意见和建议，这也能潜移默化地提高读者的语言表达能力和思维能力。

3.促进学生不断加强自我教育

通过读者交流会，教师和学生读者可以纠正自身学术不良的行为习惯，端正思想态度。在交流的过程中，读者可以了解其他人对自己的看法，观照自己的不足，促进学生不断加强自我教育，不断完善自己。

二、为促进读者交流创造有利条件

长期以来，高校图书馆一般都有一些读者交流会等固定形式的活动，例如有些图书馆成立的"读者之家""读者会"等，还有的图书馆设立了意见箱等。这些形式和规范已经比较成熟，也能为广大读者所接受。但如果能给这些传统的形式和规范赋予一些新的内容，将会取得更好的效果。

高校中的学生社团很好地促进了学生之间的交流。学生社团的成员在参加社团活动的过程中，必然也会累积很多活动组织与开展的经验，图书馆可以邀请一些比较有能力的社团成员，协助馆员组织策划各种交流活动。通常，各个高校对学生社团都制定有严格规范的管理制度，社团成员也有比较强的组织纪律观念，在协助图书馆开展活动的过程中，通常都能很好地服从图书馆工作人员的管理。

高校自己的研究人员也能对图书馆的读者交流活动提供一些技术和学术上的支持。在高校，通常教师都要承担一些科研工作。在完成科研工作的过程中，他们会了解到相关研究领域的发展状况及科研新成果对社会产生的影响。因此，图书馆可以邀请他们举办讲座，也可以协助图书馆策划一些相关讲座，扩大学生的知识面，提高学生的科研能力。

此外，高校图书馆自身的建设为开展各种交流活动提供了空间场所和物质条件。在自身的建设上，高校图书馆除了传统的阅览室外，还增加了报告厅、展览厅、影视厅等多种功能活动空间，为读者交流会提供必要的场所和必需的设备。

三、提高服务质量和水平，积极促进读者交流

在积极为读者营造活跃的思想氛围的同时，高校图书馆如何才能保证在读者中开展的各种交流活动并有序健康地发展呢？笔者认为，高校图书馆应把读者交流的各项管理工作纳入日常工作，提高高校图书馆的服务水平，实现高校图书馆的教育职能。

（一）确保各种活动主题鲜明，具有正确的思想导向

认真审核各种信息交流活动的主题内容及活动和讲座主持人的资质，或者由图书馆直接设定活动主题和选定活动主持人或主讲人，保证各种交流活动的质量；增强活动的透明度，例如通过校园信息公告系统预告活动或总结通报活动开展情况，通过广大师生读者加大对活动的内容及开展过程的监督力度；加强对各功能室的管理与设备维护，使各种交流活动能够正常有序的开展；倡导文明上网，加强网络管理，确保网络信息的真实性；制定相关的奖惩措施，对于一些不良的言行举止进行必要的批评处罚，规避不良行为的影响；不断完善图书馆馆员的知识结构，提高图书馆组织开展各种活动的能力。

（二）改进传统交流方式，组织开展形式多样的交流活动

专题讲座与"读书会"是读者比较熟悉的交流形式。长期以来，专题讲座可以使读者在短时间内掌握相关的知识，"读书会"以读书交流为主要内容，它们已成为读者获取信息的一个重要途径。现在，各高校图书馆都购进了许多优秀的专题讲座光盘供读者观看。但是，这些方式在增强和提高学生读者的实践技能方面仍显得薄弱，还应从读者需求出发，增加相关技能的交流。"读书会"可由交流读书学习心得向交流实践技能方向延伸。例如，提出自己在使用过程中遇到的问题，大家一起讨论，或是把自己在实践中总结的计算机使用或其他专业技能方面的成功经验跟大家分享；增

强活动的竞技性，提高学生读者的竞争意识及应变能力。例如让指导老师设计题目，读者以分组的方式进行讲座，制定解决方案，各组再以推介会的方式推介方案，指导老师再联系实际，对推介的方案进行点评；增强现场效果，邀请名师或专家开设讲座，在时间允许和主讲人同意的前提下，以问答的形式加强读者与主讲人的交流，满足读者的个人学习需要；也可以组织观看影像资料，开展相关的交流活动等。

运用信息技术对活动记录或活动反馈信息进行统计和分析，及时了解读者的需要，发现自身工作的不足，不断提高自身的服务质量。为增加交流活动的效果，除有计划地安排各种活动外，还应通过校园信息公告系统做好各种活动的预告工作，向读者介绍主讲人或者主持人的事迹、研究领域及取得的成果等。如结合本校图书馆的馆藏资源，向读者推荐相关的图书资料目录，不但能够使读者进行必要的知识准备，而且还能够促进图书馆馆藏资源的充分利用。

（三）积极使用新技术，充分利用各种信息资源

互联网络由于能够方便快捷地向读者提供信息，已经成为人们获取信息、进行信息交流的重要途径。通过校园网高校图书馆能够向读者提供更为快捷的服务。除了可以把"新书推介"的内容放在图书馆的网页上，还可以对借出的图书进行排行或公布一些大型图书市场提供的图书销售排行榜，让读者了解新书信息；利用校园网的BBS开设论坛，把各种交流会和讲座相关的新闻和内容放到论坛上，这不但可以增加各种活动的透明度、扩大读者参与程度。目前许多高校聘请了客座教授或校外辅导员，他们也能为学生读书学习提供帮助。如果在图书馆的网页设立相应的链接或通过设立"专家信箱"等方式，为学生提供与他们交流的虚拟空间，则可以帮助学生解决读书和学习中遇到的问题。

第三节　地方高校图书馆读者服务

一、地方高校图书馆读者服务的特点

（一）读者群的特色

1. 读者群的民族性

高校图书馆的读者群多为本校的学生、教师、研究人员、管理人员，也有一部分校外人员。少数民族地区高校的教师、研究人员以及学生大部分为少数民族。因此少数民族地区高校的图书馆，校内人群的民族性决定了图书馆读者群的民族特征，也决定了读者服务工作的民族性。

2. 读者群的稳定性

因为本校的读者占了很大比例，因此高校图书馆的读者群是相对稳定的，馆藏的教学用书和课外读物也相对稳定。

3. 读者群的阶段性

高校图书馆是为学校教学科研服务的，而学校的教学工作具有阶段性，在不同的阶段，读者对文献的需求也不尽相同。因此，图书馆的藏书计划要与学校教学目标、教学计划相一致。另外，高校的学生中，有大专生、本科生、硕士生、博士生，学历层次的不同也决定了读者对图书馆文献需求的不同。

（二）馆藏文献的特色

1. 馆藏文献的民族性

少数民族地区的高校图书馆馆藏和其他高校的馆藏一样，都是为了满足学校教学科研的需要，主要是专业文献，适当照顾全面。但与其他高校

的馆藏有区别的是，少数民族地区的高校图书馆馆藏具有民族性特征。工作人员要重点搜集、整理少数民族文献。少数民族文献是记录有关少数民族在不同学科、不同地域、不同时期，以不同方式进行社会实践的知识和经验的载体。这些少数民族文献的特征在于历史悠久、数量庞大、布局分散、内容丰富和形式多样。

2. 馆藏文献的地域性

我国少数民族分布有着区域性的特征，因此文献的分布也有着很强的地域性。例如广西民族高校图书馆的特色馆藏除了民族学、少数民族地方文献外，还有外国语非通用语种文献，特别是东南亚各国语种文献，这就是由其地域性决定的。

（三）学科的民族特色

每个学校都有自己的学科建设重点，少数民族地区的高校也有各自的学科特点和办学重点，反映在学科上有民族语言、民族宗教、民族历史、民族医药卫生、政治法律、文教科技等。例如西南民族大学的彝族学，广西民族大学的壮学研究中心、瑶学研究中心等都带有浓厚的民族特点。

二、地方高校图书馆读者服务的现状

（一）馆员素质参差不齐

高校图书馆的服务质量很大程度上取决于图书馆员队伍的整体素质。当前许多少数民族地区图书馆的馆员缺少专业的信息管理技术和图书馆知识，服务意识薄弱，基本还属于被动服务。

（二）图书经费严重不足

少数民族高校图书馆，通常处于经济比较落后的地区，其每年购书经费远远少于东部发达地区的高校图书馆。学校购书经费不足，采购的文献就不能很好地满足读者的需求，这样肯定会影响读者服务工作的质量。

（三）人才流失严重

地方高校图书馆人才流失相对严重，难以引进高学历人才。这与图书馆员的职业地位有很大关系，图书馆工作繁杂而枯燥，而且经常得不到社会的认可和尊重，也就很难引进和留住人才。

（四）管理模式落后

很多图书馆长期遵循一种"守摊式"的服务，重藏轻用，使得很多文献利用率较低，加上落后、繁琐的借还书手续，影响了读者服务工作的开展。

三、搞好读者服务工作的途径

（一）更新观念

地方高校图书馆的读者服务要坚持以人为本、以读者为本的理念。只有在服务上把读者放在第一位，以读者为中心，对读者尽心尽力，才能让读者配合图书馆做好各项工作，充分发挥图书馆的各项职能。

因此，图书馆要改变以往"守摊式"的服务方式，通过多种途径，积极主动地了解读者现时和潜在的需求，分析读者类型及需求结构，并适时更新服务手段，改变服务方式，调整充实服务内容，为读者提供方便的服务。

（二）改变管理模式

少数民族地区有自己的民族文化特征、风俗习惯、宗教信仰等，要做好这些地区高校图书馆的读者服务，就要根据当地的民族特征，掌握好民族政策，有的放矢地把工作做好。

1. 开展特色化服务

1）设立民族特色文献典藏室

设立民族特色文献典藏室，集中典藏民族文献，可以方便民族研究工作者查阅。同时要做好民族文献的目录整理工作，注意搜集能够反映本地区各民族科学研究新成果、新动向的文献信息。

2）建立民族特色网络数据库

对少数民族地区的高校图书馆而言，建立民族特色网络数据库是一项十分重要的工作，它可以将自己的实际馆藏和虚拟馆藏结合起来，拓宽服务的领域和空间。如内蒙古大学的"蒙古学"、西藏大学的"西藏学"等民族特色数据库的建设都起到了不错的效果。

3）建设地区特色文献专题室

有条件的地区图书馆可以利用少数民族的文献资料，结合地区特点，建设特色文献专题室。如广西南宁作为东盟博览会的永久落户地，为了让更多人了解东盟，了解广西，便可以建立中国—东盟博览会专题库。

2. 提供人文化服务

1）避免与读者的冲突

图书馆理应善待每一位读者，提供服务要热情主动，了解读者的真实需求，避免与读者发生冲突。

2）搞好新书推荐工作

有新书入馆时，要做好新书通报、新书简介、新书系列专题介绍、新书导读等工作；简化新书加工工序，让读者及时掌握最新的信息。

3）营造和谐的学习环境

提高文献资源的开架率，书库实行借阅藏一体化管理模式。设立休息日还书窗口，延长开馆时间，保持图书馆的整洁安静，给读者营造一个宽松和谐的学习环境。

（三）开展多样化服务

地区图书馆应经常举办信息技术讲座，并与其他院校联系，实现馆际互借，建立读者咨询服务中心。另外，要与读者经常性地沟通，如通过读者座谈会、读者意见箱、读者问卷调查等，虚心听取读者的宝贵意见，及时改进工作。

（四）加强图书馆专业队伍的建设

长期以来，图书馆管理队伍素质参差不齐，给图书馆各项工作的开展带来了不少的困难，也给读者服务工作带来了压力，因此要加强图书馆专业队伍的建设。一方面要大力引进专业人才；另一方面，要对原有员工进行有针对性的培训，派馆员外出学习先进的管理经验、技术和理论知识，并组织馆员参观先进图书馆，以全面提高馆员的综合素质。

第四节 网络环境下图书馆信息资源的共建共享

现代通信技术与计算机的结合，给高校图书馆带来了全新的网络环境，图书馆的馆藏发展模式也从原来的注重购买纸质书籍转向了注重利用网络实现信息资源的共享，以此来解决各高校存在重叠的馆藏资源、学生难以获取本专业以外的多学科知识信息等问题，让高校图书馆真正成为"学生的学习中心、老师的科研中心、社会的服务中心"。因此，图书馆信息资源共建共享是解决高校有限的图书馆信息资源与读者无限的信息需求之间矛盾的主要途径。

一、网络环境下图书馆信息资源共建共享的必要性

目前，各高校图书馆馆藏资源的重叠性比较严重。以前，考评一个图书馆时，馆藏资源是一个非常重要的指标。考评馆藏，主要考评的指标就是馆藏书籍的数量，但并不涉及馆藏书籍是否重叠。故存在大量重复性书籍建设的情况，造成了其他偏门类信息量较少的情况。资源共享是通过网络来构建新的系统，通过馆际互借来完善馆藏资源，以满足读者的阅读需求。这种馆际互借既能补充本馆信息资源的不足，又能节约经费和满足读者的需求。

当前，各高校师生对信息资源的需求日益增加。为适应社会发展需要，培养出更多适应社会发展的复合性人才，高校各个专业对各信息资源都有需求，而当高校图书馆发展到一定规模时，因为馆藏面积和资金的限制，会逐渐减少购书量。而要想使图书馆满足高校师生获取知识信息的不断需求，资源共享是最快最好的方式。

二、目前图书信息资源共建共享所面临的问题

在高校图书馆信息资源共建共享的过程中，主要面临以下四个方面的问题。

一是缺乏规范合理的全局规化。现在，越来越多的高校把图书馆信息资源共建共享建设纳入到资源保障体系，实行合作采购。但信息建设不会一蹴而就，而是一项长期工程。有的高校图书馆将信息建设目标只设立在满足本校师生的需求上，只看数量不看质量，这种没有统一规范和标准的自我采购，不但会浪费大量人力物力财力，也会使得大量数据被重复收录。

二是馆藏文献质量有待提高。当代社会科技水平日益提升，信息更新速度越来越快，读者也需要及时了解和掌握新的知识信息，但有些高校图书馆不能及时根据实际情况购置新书，馆藏资源明显不足，不能满足读者的信息需求。还有就是馆藏信息不全，也不能全面反应本地区特色。

三是信息资源开发制度有待完善。信息资源开发的质量主要在于信息的处理。网络化水平快速发展的当下，各类资源信息非常混乱、繁杂，加之数字化的信息很容易被复制和转载，并且也很容易篡改，造成信息污染。因此制定规范的信息资源开发制度也是不容忽视的问题。

四是资金严重不均成为最大障碍。高校图书馆为学校教学、科研起到辅助作用，是高校的信息窗口，但图书馆提供的信息又是有限的。怎样做做到馆际互借、资源共享，改变高校图书馆传统的"各自为政"的局面，

仅仅依靠高校图书馆自身的资金是远远不够的，政府应加大对高校图书馆的专项资金投入，根据各个图书馆的现状和特点，合理分配资金，改变目前图书馆操作平台的繁杂状况。

三、图书馆信息资源共建共享策略

基于前述内容，笔者提出以下四点图书馆信息资源共建共享策略。

一是做好网络环境下资源信息的规范化工作。当前，图书馆的信息资源主要包括本馆传统的文献资料、电子图书以及与其他机构合作建设或购买其他数据库等信息资源。在综合考虑文献资源现状、文献需求等情况下，可以合理规范信息资源规划、目标。

二是建立特色数据库。所谓特色数据库，是指根据特色文献资源开发的有着独特内容的数据库。没有哪一个图书馆能够收集全部出版物，以完全满足读者的需求。因此，在已有文献基础上，高校图书馆可以利用网络技术、计算机技术等先进信息传播方式，建立有着自己特色的数据库，为读者提供更深度、更广泛的信息服务。

三是建立规范的信息评价体系。规范的信息评价体系是创造信息资源良好环境的保障。主要是根据各图书馆馆藏目录及文献数据库，制订统一的标准和方法，对各馆馆藏情况进行定性定量分析，做出正确评价，同时找到不足。在信息资源建设过程中，各馆应根据自身特色，突出馆藏重点，保证其完整性、系统性，这样，网上信息资源才能在真正意义上实现共享，给读者提供更快捷、便利的服务。

四是合理利用资源。当前，包括因特网、数据管理系统、存储结构等技术的支持，为内部信息的交流起到了很好的桥梁作用。所以，图书馆应合理投入资金，优化配置软硬件，做好本馆内馆藏信息资源建设。做到本馆信息资源共建共享，才能向本校师生全面开放，有效的节约文献购置经费。

  高校图书馆实现信息资源共建共享是图书信息发展的必然趋势，也是高校图书馆成为一个融传播知识、启迪智慧、信息交流于一体的文体超市的很好途径。只有利用好现有的纸质信息资源，积极利用、开发好网络资源，实现网络资源共享，才能提高服务水平，更好地服务读者。

第五章　高校移动图书馆与移动服务

第一节　移动图书馆服务模式探讨

一、移动图书馆服务模式理论研究现状

（一）移动图书馆服务模式的定义

随着移动图书馆服务实践的开展，我国正在形成一股移动图书馆服务模式理论研究的热潮。从认识上来说，我国的图书馆界依然认为移动图书馆服务模式无非是传统图书馆服务模式的拓展与延伸，只是在服务手段、服务功能等方面有所创新。在移动图书馆服务模式的内涵、表现维度等诸多关键命题上也并没有形成统一的认识。笔者通过梳理国内外相关的研究成果，对移动图书馆服务模式作出这样的定义：移动图书馆服务模式是指伴随着无线网络通信技术的进步，图书馆所采取的不同类型的移动服务实现方式。

（二）移动图书馆服务模式的研究内容

目前国内移动图书馆服务模式的研究主要集中在以下4个方面。

1. 国内外移动图书馆服务模式比较研究

高春玲比较了中美图书馆移动阅读服务模式的差距，指出：国内移动图书馆服务主要以短信和WAP网站访问为主。其中，目前我国短信服务是主流服务模式。而美国移动图书馆服务则主要包括短信、WAP网站访问、Application模式。①

姜颖通过对中美两国公共图书馆和高校图书馆提供移动图书馆服务进行比较、分析，认为两国在服务内容、移动设备和网络普及率等方面所存在的差异，使得我国移动图书馆服务以短信为主，而美国移动图书馆则以WAP网站为主。②

2. 移动图书馆服务模式建设案例

孙杨以北京航空航天高校图书馆为例，提出较为完善的图书馆移动信息服务系统应包含短信平台、WAP平台和移动阅读客户端，以满足不同用户对图书馆移动性的需求。③

3. 移动图书馆服务模式比较研究

戴晓红提出：国内主要存在短信服务、WAP服务和电子资源全文阅读等三种服务模式。④

王菁璐认为移动图书馆的服务模式主要有基于WAP的移动图书馆服务，智能手机APP的开发、QR二维码的应用，短信服务平台的新拓展，基于物联网的智能图书馆系统及数据库的移动阅读和获取等等。⑤

靳艳华认为移动图书馆的服务模式主要有短信服务和WAP站点服务

---

① 吴慰慈，等. 图书馆学概论［M］. 北京：国家图书馆出版社，2008.
② 姜颖. 我国移动图书馆服务现状及发展对策［J］. 图书馆建设，2011（12）：75-78.
③ 孙杨. 高校移动图书馆服务模式探析［J］. 当代图书馆，2012（3）：32-35.
④ 戴晓红. 移动图书馆服务模式和应用前景初探［J］. 图书馆工作与研究，2012（9）：37-41.
⑤ 王菁璐. 移动图书馆服务模式探究［J］. 图书馆建设，2012（8）：44-46.

模式，并从软硬件接入门槛、功能等方面比较了两者的差异。[①]

罗晓涛认为现在国内移动图书馆的服务模式主要有APP、SMS、WAP网站三种。SMS模式信息提醒及时，但服务内容过于简单；因移动终端浏览器并不如PC机浏览器软件方便快捷，因此WAP模式受众不多；由于APP建设成本过高，现在的国内图书馆很少提供APP服务。[②]

4. 移动图书馆服务模式的调研与设计

宋恩梅、袁琳梳理了我国移动数字图书馆的发展轨迹，认为在2007年以前，主要是以短信服务为主，2007年以后随着无线网络技术的发展，图书馆WAP服务逐渐兴起，与短信服务形成互为补充的格局。并对已开通有WAP网站的16家图书馆进行了登录，考察了其功能、界面、操作等实际运行状况。[③]

魏群义以"985"高校图书馆和省级公共图书馆为调研对象，采用网站访问、网络调研与文献调研等方法，分析了当前我国移动图书馆服务模式发展现状，认为高校图书馆所采取的业务模式以SMS和WAP服务为主，而公共图书馆则以WAP服务为主，少数图书馆开通了客户端服务，供智能手机用户下载使用。[④]

通过以上对国内外图书馆移动服务模式现状的研究可以看出：①国内图书馆在服务模式方面的研究及其实践应用已取得了一定的成绩。相比于国内，国外的研究与实践开展得更早，服务模式比较成熟，移动服务的社会覆盖率与均等化程度也较高。②就服务模式的类型而言，国内模式较为

[①] 靳艳华. 试析移动图书馆的发展前景及实施策略［J］. 图书馆工作与研究，2013（1）：43-45.

[②] 罗晓涛. 探索移动图书馆服务新模式［J］. 图书馆论坛，2013（2）：99-101.

[③] 宋恩梅，袁琳. 移动的书海：国内移动图书馆现状及发展趋势［J］. 中国图书馆学报，2010（9）：34-48.

[④] 魏群义. 国内移动图书馆应用与发展现状研究［J］. 图书馆. 2013（1）：114-117.

单一，而国外则较为多样化。③就服务模式的层次而言，我国与发达国家存在着较大的差距。

目前，短信服务仍是国内主流移动服务模式，而国外是以WAP网站访问作为主流服务模式，并且客户端应用模式大有后者居上之势。

二、移动图书馆服务模式比较分析

当前，图书馆学界普遍认为移动图书馆存在着短信、WAP网站与客户端应用等三种服务模式。这三种服务模式的差异主要体现在实现方式方面（网络接入技术与移动终端），并在时间、功能、层次等诸多方面呈现出从低到高、逐次递增的变化趋势。

理论界的综合研究结果表明，网络接入技术与移动终端、利用素养与技能仍然是影响用户获得普遍均等服务的主要障碍。笔者结合当前移动图书馆服务模式的特点与现状，选取了移动通信网络、移动终端、成本、利用素养与技能共四个具体指标作为比较依据，对三种服务模式进行细致的比较研究，以期发现其在践行为广大社会公众提供普遍均等服务方面的局限与不足。

（一）短信服务模式

在三种服务模式中，短信服务模式是历史最为悠久、使用范围最广、利用门槛最低的一个。具体而言：①移动通信网络对网络接入技术环境没有过高的要求，不管是传统的2G，还是4G网络，或者是5G，只要有移动通信网络覆盖的地方，短信服务模式都能够发挥作用。②移动终端，作为与语音服务相并列的基础服务，短信服务不要求用户连接移动互联网与实施软件应用，因此手机等移动终端无需太高的软硬件配置，差不多每个社会成员的手机都可以符合要求。③成本，短信服务利用的成本非常低，收发短信费用低，"套餐"方式的价格则更为低廉。这样优惠的价格使得普通社会公众也能够负担得起接入与使用短信服务的成本。正因为短信服务模式所具备的上述特点，因此其也最具有亲民性，成为当前使用群体最为广泛的服务模式。④利用技能与利用素养，短信服务模式对用户的利用技能与素养要求较低。众所周知，利用移动互联网要求用户具备基本的信息素养与技能素养。短信服务作为手机的基本功能，其操作方便、简单，只要用户具备基本的文化基础，哪怕不是很熟悉信息技术也能够很快掌握其应用方法。

不足：正因为短信服务模式进入"门槛"低，使得其只能以文本方式完成借阅信息通知、新闻发布等基本功能。随着时代的发展，其服务手段与功能已逐渐难以满足不断提高的用户需求了。

（二）WAP网站服务模式

WAP网站服务是一种窄带方式传输数据的服务方式，也是目前移动用户利用互联网与移动图书馆的主要方式。具体而言，①移动通信网络：与短信服务模式相比，WAP网站服务模式要求较高的网络接入环境，最好是带宽、速率、吞吐率等各方面性能都较好的移动通信网络。②移动终端：WAP网站服务模式是通过手机访问专用和通用网站的形式来提供信息服务的，因此用户所持的移动终端必须是具备上网功能的智能手机。③成本：WAP网站服务模式利用成本较高，网络接入方式的变化也产生了较高的上网流量。④利用技能与利用素养：对于普通的学生和接触互联网较早的用户来说，通过移动通信网络、以移动终端为平台利用移动互联网，就如同使用固定电脑接入互联网一样简单。但对于那些没有接受过技能培训、不熟悉移动图书馆网站使用界面、不习惯通过繁琐的手机操作接入移动互联网的普通社会公众来说，WAP网站服务模式无疑又增加了他们的利用难度。

（三）客户端应用服务模式

客户端应用是移动图书馆、数字图书馆与移动终端应用紧密融合的产物。在客户端应用服务模式下，移动用户无需考虑服务是谁开发的，由谁提供的，并采用何种方式访问；避免了重复、繁琐地输入网址的操作负担。移动客户端应用扩展性强、内容丰富、功能强大等特点为用户带来了前所未有的使用体验，代表了移动图书馆技术最为先进、功能最为强大的一种服务模式。具体而言，①移动通信网络：与前两种服务模式相比，客户端应用服务模式要求极高的网络接入环境，最好是带宽、速率、吞吐率各方面性能都较好，且支持多媒体、超媒体应用或最新一代的移动通信网络。②移动终端：在其丰富的软件应用背后，是更高的进入门槛（高配置的移动终端、高性能的处理器与操作系统，以适应客户端应用对应用处理与网络流量的需求）。③成本：高端的网络应用（多媒体、超媒体）形成了高负荷的网络流量并产生了高额的上网费用，普通社会公众难以负担接入移动通信网络、购买与维护移动终端设备的高额成本。④利用技能与利用素养：在该种服务模式下，接入与使用包括图书馆在内的移动互联网资源只需使用鼠标点击应用图标即可实现。其最大限度地迎合了对计算机软硬件和对移动网络环境比较熟悉的用户的操作习惯与需要。因此，深得他们的喜爱。

三、移动图书馆服务体系的服务模式探索

让每一位社会成员都能够享受到普遍均等、无差别的信息服务是全世界图书馆努力践行的使命与不懈追求的目标。移动互联时代，这种历史使命与对核心价值的坚守并不会因为移动信息技术所引发的革命而发生任何的改变，图书馆界在任何时候都必须清楚地认识到，任何技术手段、服务模式的完善与更新只有一个目的，那就是提供能够覆盖全社会绝大多数成员的信息服务，保障社会公众获取信息与知识的权利。目前，对于图书馆

界而言,现存的三种服务模式在实现这一目标方面都存在一定的不足。因此,未来的移动图书馆服务模式不应只停留在技术层面的单一服务模式上,而应致力于发展既注重技术进步,又富有人文关怀的复合型移动图书馆服务模式——这种服务模式是上述多种服务模式的综合体。同时,它又是一种成熟而系统的服务模式,能够比较合理地处理并最小化社会公众在移动网络接入与使用、知识获取与利用等方面的不利因素。具体操作层面,图书馆要从注重服务群体的差异性、努力创造"移动服务机遇"等两方面有针对性地加强服务模式建设。

（一）移动图书馆服务模式设计的出发点

1. 注重服务群体的差异性

现在,社会公众在接入与使用移动通信网络的硬件条件方面（尤其在移动通信网络与移动终端的占有与使用上）存在着巨大差异,这种差异客观上形成了三种基本的用户群体,并由此决定了他们所能利用的服务模式。第一种是使用 GSM 网络与只能完成语音与短信功能的手机用户群体。硬件基础条件的限制使得他们只能利用第一种服务模式,即短信服务模式。第二种用户群体拥有较高性能的智能手机,他们多为在校学生或使用互联网较早的人群,对移动互联网具有深厚的兴趣与较强烈的需求,习惯利用 WAP 服务模式访问图书馆资源。第三种用户群体是紧跟移动通信技术发展潮流的移动网民。他们尤其喜欢通过客户端应用模式接入移动图书馆。服务群体的鲜明差异性及其利用图书馆服务模式的属性特点,是移动图书馆设计与优化其服务模式的出发点与重要依据。

2. 努力创造"移动服务机遇"

社会公众对移动通信技术理解与掌握的差距,形成了事实上的利用素养与技能鸿沟,这种鸿沟不但影响了公众对移动信息与知识的获取利用,而且妨碍了他们从中获取利益、参与社会生活、开展创造活动的权利与机会，形成了新一代的移动弱势群体。因此，消除公众利用移动服务的素养与技能障碍，努力创造"移动服务机遇"，减少知识贫困和社会分化、社会排斥现象，维护弱势群体利用信息与知识的权利，就成为移动图书馆服务模式设计的重要战略。

（二）移动图书馆服务模式框架

针对服务群体的上述特点，图书馆移动服务模式设计应该从用户第一的角度，兼顾社会各层次服务对象的需求与基础条件，尽量简化社会公众接入与使用移动通信网络的门槛，消除他们利用移动服务的素养与技能障碍，并有针对性地设计富有层次感、服务手段多样、服务质量稳定、极具普适性与惠民性的服务模式。

本书针对移动互联网环境设计全新意义上的移动图书馆服务模式，即通过非网络的常规服务与网络服务相结合的方式为社会公众提供移动信息服务。用户不仅能够通过电话、短信等实现馆藏信息查询、预约、续借、用户借阅信息查询、用户管理等图书馆传统服务功能，还能够通过WAP网站、客户端应用提供位置定位、二维码、流媒体等深层次服务。移动信息服务系统主要包含非网络的常规服务平台、短信平台与WAP网站服务平台、客户端应用服务平台等4大功能模块，通过常规服务与网络服务方式相结合，能够基本满足各类图书馆服务对象的需求。

1. 非网络的常规服务模式

图书馆可以在以下方面大力开展卓有成效的"移动扶贫"工作：①创建社区分馆技术服务中心，向买不起电脑、移动终端的人提供电脑硬件和移动信息技术的操作技能培训。②免费或以其他方式提供移动终端设备与网络接入环境。图书馆以低廉的价格或免费向民众提供电脑硬件和移动终端设备，在图书馆内大力营造免费的WIFI和WLAN环境，力图在实体馆覆盖的小环境内，率先实行移动信息"扶贫"。③图书馆向民众积极开展移动信息技术、移动图书馆服务内容培训。可以通过举办讲座，发放宣传单、手册、课件光盘的形式，增强社会公众的移动信息意识，并提高他们的使用技能，逐步消除他们对移动图书馆服务的畏惧感与排斥感，增强可接触感与亲近感。通过非网络的常规服务，让没有电脑和终端设备、不具备利用技能的社会公众也能够利用移动图书馆信息服务。

2. 短信服务模式

短信服务模式的先天不足与一成不变严重影响了其服务功能与服务效果，使得其在数字时代逐渐淡出了移动图书馆主流服务的视野。实际上，对于那些不具备接入移动互联网条件的广大社会公众来说，短信服务模式仍是他们在移动时代利用图书馆服务的有效手段与渠道。图书馆应深入挖掘短信服务模式的潜能，对更多的图书馆传统服务功能进行重组与改造，将其延伸到短信与电话语音服务上，让短信与语音服务承载更多、更丰富的动态内容与功能，从而使图书馆的移动服务更具有主动性、广泛性与亲近性。

语音参考咨询：短信服务模式可以提供基于文本、语音等多种方式的参考咨询服务。语音方式的参考咨询是指将文本、音频集成于一体，提供在线、即时的咨询方式。这种服务模式将参考馆员的咨询电话嵌入短信，用户只需点击短信中的电话信息即可与参考馆员进行面对面的实时交流。这样，用户不必再记忆复杂的咨询电话号码，只要通过短信中的咨询电话就可以联系到参考馆员，馆员也可以在第一时间内对读者提出的问题予以解答。这同时也解决了传统短信服务需要用户背诵短信指令、信息易堵塞、发送和接收受网络影响等多重难题。

主动型的短信服务：短信服务是移动图书馆信息服务的重要组成部分，传递资讯是短信最主要的功能。随时随地阅读的便捷性使手机逐渐成为获取新闻资讯的主要方式，突破了传统媒体阅读的载体限制。作为以文本信息为主要承载内容的服务模式，图书馆要充分发挥短信服务模式在传播新闻资讯方面"小""快""灵"的特点，探索主动型的服务模式。

作为图书馆移动信息服务的初级阶段，图书馆短信平台主要向社会公众提供传统的借阅信息查询、超期提醒、到期催还、图书预约、续借、读者管理等功能。需要注意的是，这里所列出的许多功能并不是图书馆主动提供的，而是被动提供服务的。所谓被动提供服务，是指用户需要编辑包含特定格式指令所组成的代码短信，然后将其发送到指定的服务号码，经短信平台处理后才能返回相应的查询内容。短信服务作为移动图书馆服务的重要手段，图书馆必须在主动服务、个性化服务方面深入挖掘、创新其服务内容与手段。①通过电视网、广播网、因特网大力宣传图书馆移动短信服务的内容、方式与手段，使短信服务的观念深入人心，让用户知晓图书馆的短信特服号码；②通过技术手段主动推送信息，图书馆大力升级、改进移动图书馆管理系统，主动、及时地推送借阅、预约等流通服务信息；③深化服务内容，改变过去短信服务只推送图书馆简介、新闻、讲座、规章制度等介绍性信息的服务模式，利用短信平台与移动图书馆自动化管理系统的无缝链接，动态地提供诸如电子阅览室剩余机器数量、生活小技巧、馆藏利用率、出行指南、热门资源推介、国内外重大新闻等社会公众喜闻乐见的实用信息。

3.WAP网站服务模式

考虑到不同群体在网络接入条件方面所存在的客观差异，尤其针对用户移动终端的类型与功能差异，图书馆在界面设计时，应该推出两种形式的WAP网站。

一种是文字模式。部分用户只能使用传统的低代网络与低配置的手机，面对网络带宽与移动终端存在利用瓶颈等客观现实，图书馆应对目前的WAP网站进行界面的全方位优化。优化的原则就是既保证资源丰富，又确保界面的简洁明了，使得普通用户也能够流畅访问。如去掉占据带宽的图片、FLASH、音频、小动画，只保留能够表达网站思想、实现网站功能的基本文字内容。在版面安排方面多采用照顾普通网民使用习惯的设计风格。将每个网页的版面限制在一个移动终端屏幕所能容纳的范围内，尽量不使用滚动条等不适合在小移动终端屏幕上所使用的元素；考虑到普通用户在移动终端上输入文字不便的现实情况，尽量减少文本框等元素的使用，而代之以列表框、单选、多选等贴心设计；减少网页链接的层数。网络调查显示，"网页信息每深入一层，用户多点击一次，就会损失一些访问者"，这一点对于WAP网站用户更具有重大的现实意义。用户在WAP网页之间切换时，远没有在电脑上那样方便与快捷。因此，要严格控制WAP网站链接的层数，链接的层数尽量不多于两层，并在次级页面链接的位置上设计醒目的返回按钮以方便用户的定位。通过以上设计举措，使得普通的社会公众在访问WAP网站时，能根据所给出的醒目提示，选择适合自己情况的WAP网站利用模式。

另一种形式是多媒体模式的WAP网站。多媒体模式主要针对接入与使用硬件条件较好的用户，图书馆可以放心地在网页界面中加入flash、音频、视频等丰富的表达元素，选择高品质的色彩、图像分辨率、过渡效果，使用多框架、java等多种网页设计技术，从而使用户充分体验多媒体模式所带来的炫彩享受。

WAP网站服务模式是国内外移动图书馆所采用的主流服务模式。目前，我国同国外先进移动图书馆在服务内容与功能方面还存在着较大的差距，这种差距主要体现在国内移动图书馆WAP网站所提供的服务内容仍集中于流通服务、数据库检索等传统服务，其只不过是将传统服务延伸到手机等移动终端上面。移动图书馆在服务内容、功能方面并未发生实质性的改变，创新程度不大，因此不能够对移动用户产生足够的吸引力。为此，图书馆要丰富 WAP 网站服务模式的内容，除继续深化图书馆传统的流通、参考咨询服务之外，还要积极拓展全新的图书馆服务（电子书、音频、视频下载、讲座预约、租借计算机）；另外，还要继续增加能够直接面向用户需求的服务类型。例如，提供城市中图书馆网点、电话、开放时间、出行指南、办证方式等贴心服务；针对广大社会用户，广泛提供他们日常生活需要提供的诸如政策、法律、饮食、医疗、交通、教育各方面的综合信息；图书馆要大力加强与用户的交流与互动，改变用户传统观念中图书馆服务冷冰冰的感觉，提供 FAQ、服务意见交流版、读者建议微博、视频参考咨询、图书馆读者 QQ 群、离线参考咨询等交流服务，拉近用户与图书馆的距离。

4. 客户端应用服务模式

目前国内提供客户端应用服务模式的移动图书馆还不是很多，可供利用的客户端应用资源也不丰富，用户的利用率也不是很高，社会公众利用客户端应用的积极性与热情尚且不高。为此，我们应该大力加强对先进信息技术的学习与借鉴，拓展客户端应用的规模和使用范围，促进客户端服务水平与内容的不断深化，实现由低层次服务向高级别服务、由实验到实践推广的转变。下面将以移动图书馆服务导航系统为例，介绍客户端应用在我国移动图书馆中的巨大发展前景。

移动图书馆服务导航系统是图书馆依托先进的数据库技术、云计算技术、存储技术而开发的全新客户端应用。为向社会公众提供更加方便、快捷的移动信息获取渠道，图书馆以云计算技术为基础，在全国图书馆界建立一个海量存储的移动信息化体系，即"移动服务云"项目。图书馆"移动服务云"项目以一个核心为基础，两大辅助系统为支撑。一个核心为移动服务综合数据中心，两大辅助系统为公众信息咨询系统、行业管理系统。公共信息咨询系统功能借助遍布城市的查询终端与用户手机上所安装的智能导航系统来实现。用户身处城市之中，只要点开手机中安装的"移动图书馆服务导航系统"应用，就可以随时随地以语音方式播报全国每一个城市的图书馆网点介绍，包括周围的吃、住、行、游、购、娱等各种与旅游相关的信息。

当进入到某个实体图书馆之后，用户首先利用手机应用完成身份识别与认证，然后借助导航系统"进入"到该图书馆网点。进入后，该图书馆的基本情况、楼层分布、资源利用方式等指南信息就以二维或三维可视化的方式展现在用户面前。在导航定位的指引下，用户不但可以在短时间内找到所需要的库室，而且利用二维码软件应用，还能够智能识别书架上所标示的资源信息，从而准确地定位到自己所需要的信息资源。

与以往不同的是，用户通过移动网络，在未来的移动图书馆中不但能够查询到本馆的馆藏信息，而且能够检索到国内所有图书馆的馆藏资源。在此基础之上，用户借助于丰富的应用不但可以在区域联盟内部实现通借通还传统的印刷资源，而且还能够广泛共享联盟内的所有数字信息资源、应用服务、硬件设备。

行业管理系统主要包括"移动服务云"中心、信息预测预报系统等。城市中所有移动图书馆管理系统均与其联网，图书馆云中心可以通过数据分析计算每一个图书馆的人流情况，从而为突发事件处理提供支持依据。通过这一系统，中心还可以随时掌握图书馆的利用率等相关信息，完成读者信息统计，把握读者变化趋势。

客户端应用将社会公众与移动通信网络、移动图书馆服务无缝地融合在一起，社会公众可以通过应用享受到方便、快捷的移动图书馆服务体验。移动图书馆在提供客户端服务的同时，自身服务的自动化、系统化水平及信息资源的共享化水平也得到了极大程度的提高。客户端应用代表着未来图书馆服务的发展趋势，因此，图书馆应与自动化管理系统开发商、移动服务通信商、移动互联网服务提供商、应用软件开发商密切合作，开发出功能更加丰富、操作更加便捷的客户端应用，以满足社会公众日益增长的服务需求。

第二节　移动阅读环境下图书馆的转型创新和合作

随着数字化时代的到来，人类获取知识和信息的途径日趋多样化，基于电子产品的移动阅读以其方便快捷的服务模式越来越受到人们的喜爱。以手机阅读为主要代表的移动阅读已成为当代大学生普遍感兴趣的新的学习方式。高校图书馆作为知识传播和文化传承的重要基地，如何尽快适应这种环境和用户需求的新变化，积极探索移动阅读环境下新的服务模式和服务内容，已成为国内外图书馆近几年关注的热点。

一、国内外图书馆关于移动阅读的研究与实践

所谓移动阅读，通常是指人们以手机等移动设备为通信终端，通过无线、移动通信网络进行的移动化、口袋化、个人化的电子阅读行为，阅读的内容包括图书、杂志和各类互动资讯等。

移动阅读有着阅读工具的可移动性和便携性、阅读内容的及时获取性和可检索性、阅读行为的连续性和持久性、阅读效果的绿色性和低碳性、阅读影响的社会性和广泛性等特征。

20世纪末，手机阅读首先在日本兴起。21世纪以来，欧美等国图书馆陆续开始关注移动阅读，其研究点主要集中于移动工具或设备的介绍以及用户移动阅读行为上。大量文献通过定量、定性的研究，讨论使用移动阅读工具浏览博客、查询信息、帮助教学，移动图书馆网站的设计，图书馆面对移动阅读需求的应对措施和方案等。这里面，比较具有代表性的是

美国加州数字图书馆发布的《移动策略报告：移动设备用户研究》，其运用定量和定性的方法对加州大学与移动设备有关的学术行为进行了调查研究。调研发现，用户使用移动设备上网的最常用途包括查找信息和收发电子邮件，很少是出于学术目的，如访问校园网或图书馆网站完成作业；大部分被访谈者对选择移动设备访问图书馆数据库、目录及资源感兴趣。

纵观国外图书馆移动阅读的研究和实践，我们可以发现：越来越多的图书馆正在追求移动战略，参与移动设备对信息的存取服务，以满足不同的用户需求，并为移动设备成为未来日常生活的核心做好准备。

国内专门研究移动阅读的文献还不是很多，但在研究移动图书馆、手机图书馆的文献中常有涉及。最近几年的热门研究方向是利用4G技术和手机阅读工具进行手机图书馆的建设和研究、开展手机阅读、拓展图书馆服务功能等。通过文献分析可知，国内的研究和实践主要围绕以下三个方面：一是由信息服务商开发的适合中国国情的移动阅读服务，例如方正提出的"让阅读无处不在"移动阅读整体解决方案；二是移动阅读在图书馆界的研究，包括对移动阅读概念和实现技术的研究、移动阅读工具的研究、移动阅读在图书馆应用的可行性方案等；三是移动服务应用于教育信息化的相关研究等。

近些年来，我国国内著名的图书馆陆续尝试开展了移动阅读服务。例如2005年上海图书馆首次开通了手机图书馆，北京高校图书馆等也已在试用"移动图书馆解决方案"系统。从整体上来看，国内高校图书馆都在密切关注移动阅读在图书馆界的最新进展；在实践方面，移动图书馆（主要指手机图书馆）建设的案例也明显比国外要少。

二、移动阅读对高校图书馆的新挑战、新要求

与传统纸质阅读相比，移动阅读在阅读内容、阅读需求、阅读行为、

阅读工具等方面上都有着本质的区别,这对高校图书馆的服务提出了全新的要求和挑战。

(一)用户需求的变化

移动阅读环境下,用户需求呈现如下几个特点:一是所供阅读的内容应复杂多样,不仅仅要有简单的原始文献、快餐式信息可供快速浏览,还要有经过筛选和挖掘的信息。二是信息查询方式应为一站式,用户可以方便地访问图书馆目录、电子资源、服务内容、开放时间等。三是信息沟通方式应具有交互性,用户通过界面和平台可以与信息咨询馆员进行实时方式的咨询交流。

从用户需求的角度看,与纸质阅读相比,移动环境下的阅读增加了非严肃性内容,内容篇幅倾向于短小精悍;在空间环境上,要求突破时空局限,能随时随地进行阅读;在阅读方式上,更多地表现为快餐式阅读,浏览式、跳跃性、随意性、碎片化的阅读特征较为突出。

综上这些需求的变化,对传统高校图书馆主要基于馆舍空间提供服务提出了全新挑战,图书馆的服务理念、服务方式、业务重心都需要进行相应的变革。高校图书馆工作人员应熟悉并研究用户信息需求特点,创建各种工具,使用户能够更好地利用馆藏资源。

(二)业务流程的变化

传统的高校图书馆业务流程一般是"文献流"的,即按文献加工过程分为采访、编目、典藏、流通、咨询和技术保障等环节。计算机和网络技术的发展使传统的资源构成和手工操作逐步弱化,而编目业务外包、RFID技术的采用等使传统纸型文献业务花费的人力物力逐步减少,代之以直接面向用户的数字化知识服务业务量大增。在移动阅读环境下,用户出于自身心理因素和消费习惯的偏好,希望图书馆能够根据他们的需求创造更加便捷的集成式、一站式、个性化服务,能够让他们随时随地阅读文献。这就要求未来图书馆的业务流程按照"即需即所得的智能化数字服务"的"服务流"进行设计。

（三）技术环境的变化

移动通信技术与互联网业务之间的紧密结合，催生了更多的新技术环境下的数字图书馆服务，手机图书馆就是其中的典型。掌上电脑、智能手机、智能本等便捷式的阅读工具层出不穷，MSN、QQ、微信等实时交流软件的出现，逐步改变了人们的行为习惯和阅读方式。当代具有创新精神的大学生，更是积极并善于接受新事物，期待着图书馆提供更多的基于移动工具的新服务。

三、移动阅读环境下高校图书馆的应对策略

移动图书馆由于摆脱了馆舍物理空间的限制，极大地扩大了图书馆的服务范围，用户对于图书馆服务的便捷性、及时性、个性化的要求更加突出。在新的环境中，图书馆的形态必将发生改变，需要我们从服务理念、业务流程和实施运作等多方面做出变革和调整。

（一）服务理念的创新

理念是指人们对于某一事物或现象的理性认识、理想追求及所持的思想观念或哲学观点。所谓图书馆理念，就是人们对图书馆的理性认识（审视）、理想追求及所持的图书馆哲学观念或观点。图书馆理念一般是围绕"服务"进行阐释的，许多高校图书馆以"平等""智慧""读者第一""服务为本"等作为自己的办馆理念。

在移动阅读环境下，高校图书馆服务理念中代代相传的精髓依然经久不衰，那就是阮冈纳赞提出的"书是为了用的，每个读者有其书，每本书有其读者，节省读者的时间"。只不过在新的技术环境下，需求发生了巨大变化，图书馆的服务理念需要与时俱进。

1. 更加重视数字服务

移动阅读环境下的图书馆用户更多地希望利用图书馆架构的信息平台使用数字资源，因此图书馆要更加重视提供一系列基于移动阅读的服务和善于使用各种最新工具提供服务。图书馆首先要增加适应移动阅读的资源品种，如多媒体视频类教学资源、休闲类数字资源等，满足用户随意性和碎片化阅读的需要；同时善于利用新技术提高已有馆藏资源的利用效率，实现资源的增值服务。馆员应利用数字化手段对用户使用移动阅读服务提供指导，把体现图书馆增值能力的知识服务嵌入到用户的使用过程之中。如利用最新的软件工具有效揭示馆藏资源，把服务延伸到用户"手掌"上，实时向移动用户提供最新的资源信息，实现助手式的全程信息咨询服务等。

2. 服务空间更加注重体现休闲舒适

移动阅读环境下，用户对阅读空间的舒适度、配套设施（电子资源下载、打印设备等）、交流功能等的要求更高，图书馆在馆舍空间布局上要更加重视研究用户的阅读习惯和偏好，提供更为休闲、舒适、便利的环境。用户来到图书馆，可以一边享受着舒适惬意的环境，一边使用各类移动设备进行学习；还可以在安静又舒适的小憩区域里交流或休息。基于数字资源移动服务的设备配套要求更为集中和完善，空间布局和家具设计更为舒适和温馨，小型研究室、信息共享空间、一站式馆员咨询站等空间格局将更便于满足移动环境下的阅读空间需求。

移动阅读环境下，用户希望图书馆馆员能够提供契合移动需求的高水平数字化服务，馆员的作用也将从强调管理馆藏转变为更加强调指导用户充分利用馆藏。馆员需要具备更全面的知识结构，更加了解用户阅读需求，据此制定更具个性化特点的移动服务策略；善于利用最新软件管理馆藏数字资源，进行资源挖掘和推荐；了解掌握相关移动阅读技术，进行基础的服务方案研发或改进等。馆员还需要与用户进行更广泛的交流，借助各种新型交流工具更准确地接近用户、了解用户、指导用户。

（二）组织结构的转型

伴随移动阅读的开展，新的功能和业务链不断涌现，高校图书馆的结构设置和业务流程也需要随之进行转型。

1. 结构重组

信息技术的快速发展，使得图书馆与外部信息环境之间的关系更加密切。但要想真正实现移动阅读"即需即所得的智能化数字服务"，图书馆首先必须在组织设计层面按照"服务流"进行结构重组，改变传统的职能型、科层制的设置方式，创建更加扁平化、敏捷性、网络式、流程型的新型组织结构。

移动阅读环境下的新型组织结构主要有以下特点：①设计目标更加强调以用户为中心。从用户的需求出发设计组织机构，按照数字化资源的"服务流"而非"文献流"，围绕服务保障（资源、技术等）、服务评估和持续改进等方面进行机构重组，致力于最大化地提高用户满意度。②更加强调扁平化和团队性，提高服务的响应效率。通过减少管理层级，增强组织的灵活性和协调性。移动阅读用户的需求往往综合了资源、技术和服务等多项内容，要求图书馆的组织结构具有快速反应能力，合理调动和协同组织内部要素，馆员以团队合作形式解决问题。③更加强调学习型组织建设。馆员必须及时适应知识的更新，快速掌握最新的服务技能，并善于研究用户的需求变化。

2. 业务重组

围绕移动阅读环境下"文献流"向"服务流"的转变，整个移动图书馆的业务基本上可以分为资源建设、技术支持、用户服务、管理模式四大方面。高校图书馆必须以满足移动用户的需求为目标，利用先进的信息技术和管理方式，在这几个方面拓展新的业务内涵或增加业务链，进行业务流程的再思考和再设计，最终达到让移动用户满意的结果。

在具体的图书馆业务流程中，首先需要了解有哪些业务与移动阅读密切相关。根据调查，目前高校图书馆开展的业务约有44项，其中传统资源数字化、网络资源加工、特色数据库资源建设、各种资源的统一检索平台建设、系统的设计与开发、应用软件开发、用户管理、信息安全管理，以及音视频点播、个性化信息服务等与移动阅读息息相关。围绕业务项目，业务重组应从以下方面入手：①资源建设方面，图像扫描、音视频捕捉等一系列建设流程、加工方式和格式等必须满足移动阅读的要求。②技术支持方面，各种已经加工的数字资源不仅要方便用户在电脑上使用，也要方便其在各种移动终端上使用，契合的移动系统开发和应用软件设计应及时跟上。③用户服务方面，移动阅读依托虚拟的互联网，建立完善的用户管理、信息安全管理制度尤其重要。此外，由于移动阅读是随时随地的，馆员的服务方式也应该是及时的、集成的、个性化的。④管理模式方面，需要建立科学合理的岗位职责、业务流程指南等规范性文件来保障移动阅读服务的顺利开展。

（三）服务方式的合作

移动阅读环境下图书馆更加开放，对技术要求更高。无论是技术层面还是资源层面，图书馆与共同利益方进行合作将是非常有效的途径。合作的对象可以是其他高校图书馆、教学部门、资源提供商、技术运营商等。

1. 与其他高校图书馆的合作

各高校图书馆移动阅读的服务对象的特征、需求等具有很大相似性；所处的组织内外技术环境、社会环境和文化环境共性颇多；享受的各类政策和必须遵守的各类法律法规和行业规定大多相同。因此，高校图书馆之间，特别是邻近区域的图书馆进行合作是一个非常行之有效的方法。合作的方式有许多，如各高校图书馆集团采购数据库商提供的移动阅读资源，进行移动资源层面的共建共享；共同研发相关移动阅读技术；共同与移动运营商策划大学环境中移动平台的架构模式、设计合理的阅读套餐和资费标准；共同培训馆员；共同制定图书馆移动服务的可持续发展战略等。由于移动阅读服务对图书馆和馆员的要求更高，大馆可以凭借自身的资源和人员优势带动小馆分享它们在移动阅读方面的成果。

2. 与教学部门的合作

为了更好地发挥图书馆在移动阅读环境下的教育职能，图书馆需要更加重视与学校的教学部门的合作。图书馆可以与教学部门一起在校园内推广移动阅读新理念，鼓励教师运用新的移动教学工具开展网络化、互动式教学；引导教师把课件和讲义同图书馆共享，以开发成移动学习资源供学生使用；在双语教学等课程中进行移动教学改革试点等。图书馆还可以充分发挥自身的资源加工优势，对教参资源进行有效的信息组织，使其成为适宜移动教学的便捷式资源；把涉及移动阅读的教育纳入图书馆开展的信息素养教学中去；在日常的导读工作中，加大移动阅读的宣传工作，引导学生多参与移动阅读活动体验等。

3. 与资源提供商的合作

这里的资源提供商主要指高校图书馆的各类数字资源提供商，它们在移动阅读资源提供和内容制作方面具有较强的优势，能够向图书馆提供丰富的融合"资源+服务"内容的产品。双方在合作时，资源提供商可以根据高校用户需求，和图书馆共同建设更多类型的适应移动阅读的新型数字资源；共同开展移动阅读体验活动；利用图书馆的良好环境，向教师和学生推介最新的技术和产品；合作开发移动阅读应用平台和相关软件；共同开展用户需求分析等。

4. 与技术运营商的合作

这里的技术运营商主要指移动阅读市场中影响巨大的中国联通、中国移动、中国电信三大运营商,它们凭借自身先进的技术和运作成熟的网络平台对校园移动市场具有绝对的影响力优势。

第三节　移动图书馆服务交互模型的构建

一、移动图书馆服务交互过程及其对交互质量的影响分析

（一）服务交互过程分析

服务的过程性是其最本质的特征。服务产业与其他产业的不同之处就是服务的生产和消费是同时进行的,即顾客在参与服务生产的同时又进行了服务的消费,并且在服务的过程中与服务系统发生了多层次和多方面的交互作用,共同实现服务的产出。

服务过程中,服务主体与顾客不可避免地会发生交互,服务交互过程对于服务人员、顾客和服务主体都至关重要。服务人员面临的是一对多的交互,一定时间内要和很多顾客打交道,他们的工作劲头、业务素质、心情直接影响交互体验。对于顾客来说,交互过程是感受服务和满足需求的关键时刻,其效果影响到他们未来的决策和意愿。

移动图书馆的服务交互是复杂而广泛的。新型信息服务中,用户同时作为信息的生产者、发布者、信息服务的参与者以及信息资源的使用者存在,多重角色造成了用户参与行为的复杂性。而用户与服务环境、服务平台、服务馆员的交互,服务系统及各部门之间的交互以及用户之间的交互使交互过程变得多元和多层次化。

（二）服务交互对服务质量的影响分析

顾客要参与服务生产,与服务主体发生多层次和多方面的交互作用。交互过程的优劣直接影响顾客对服务的评价,决定着服务交互质量的高低。

芬兰学者格鲁斯根据认知心理学的基本理论，给出了目前较受认可且具有代表性的顾客感知服务质量概念，他认为，服务质量由顾客的服务期望与实际服务经历的比较决定，从本质上讲是一种感知。服务质量的高低取决于顾客的感知，其最终的评价者也是顾客。他将服务质量划分为两个方面，一是与服务产出有关的技术质量，二是与服务过程有关的功能质量。顾客不仅关心产出质量，而且更关心过程质量。吴琦认为图书馆的服务交互质量是指读者与周边存在物（包括人员、过程和环境）相互作用的过程中感知到的服务质量。

通过上述服务交互过程和服务质量的分析，笔者认为，移动图书馆服务交互质量是指用户在和多元服务主体相互作用的过程中，与自己的体验、感知以及预期的服务需求相比较而形成的主观感受和综合评价。多元服务主体包括服务环境、服务平台、服务馆员、服务系统及各部门、其他用户。一项服务在初次生产并提供消费时，顾客对其并不了解，即使服务主体做了大量宣传与营销，顾客的理解也不是很深入。正如同电子商务中的网购，消费者在决定是否购买所需物品时，不但要看商品的描述，更关注其他消费者的感受与评价。群体动力理论的创始人勒温借用物理学中磁场的概念，认为人的心理、行为取决于内部需要和环境的相互作用。群体动力因素包括群体的凝聚力、驱动力和耗散力。由此看来，用户群体既可以促进用户的积极参与，提高用户参与的忠诚度和黏性，也能够阻碍和提醒用户使其消极回避。

总之，面对社会化网络和虚拟社区的快速发展，移动图书馆服务的服务交互过程既多元复杂而又关键敏感，交互过程对服务交互质量的影响非常巨大，在读者对移动图书馆知识和经验不了解的情况下，交互质量成为读者评价图书馆总体服务质量的重要因素。这样一来，通过服务质量的效果来反馈和强化服务交互过程，可以形成整个服务系统的良性循环与发展。

二、社会化网络环境下移动图书馆服务交互模型的构建

社会化网络，是指在虚拟的网络中所存在的一个个小型的社会，这些小型的社会彼此之间发生真实存在的社会活动，为达到某种或者多种目的，拥有共同兴趣的群体所成立的一个个以网络形式存在的社区，即为社会化网络。其致力于以网络沟通，倡导通过网络拓展人际关系网，让用户尽情享受社交和沟通的乐趣。微博、微信等社会化网络应用不仅成为图书馆开展服务和对外宣传的重要阵地，还成为图书馆用户间信息传递、资源分享的重要桥梁。

随着图书馆服务环境的不断变化以及社会化网络应用的广泛普及，移动图书馆服务交互质量成为用户评价图书馆总体服务质量的重要因素。交互质量的提高则能够提高读者的满意度。研究用户与移动图书馆服务之间的交互，以及用户群体成员、服务系统各部门之间多元化、多层次的交互，构建移动图书馆服务交互模型，有利于图书馆改善工作，提升其移动服务质量，实现可持续发展。

移动网络的泛在性和智能性为用户的需求表达和服务应用提供了有效途径，拓展了用户与移动图书馆间的交互范围，形成了以用户交互为中心的多维交互关系。

（一）用户、服务馆员、图书馆信息资源与移动服务环境的交互

移动图书馆服务环境是承载各项信息服务部署和运行的软硬件环境，主要由移动网络、APP 应用软件、基础设施、移动终端等构成，决定着用户对服务环境质量的体验与感知。

移动服务环境的运行有其规则，须遵守国家或地区的政策，如移动服务基础设施的投入、移动网络和移动终端设备的协议连接、移动终端设备与第三方应用软件的协议使用等。移动图书馆用户和服务馆员对移动服务

环境进行实际感知以后，作出客观评价与反馈，服务主体则根据反馈信息对服务环境进行自适应控制并优化。

移动服务环境的建设，宏观层面体现出一个国家或地区信息技术发展的整体水平，对图书馆服务系统高层的协商和沟通能力是一种考验，当然也反映了一个国家或地区对图书馆事业的贡献力度。可以说移动图书馆服务环境是用户体验其服务的重要标尺，比如很多用户正是由于移动网络速度慢、应用软件不好用等原因放弃体验移动图书馆服务。

移动图书馆服务主体应与移动网络运营商协商与沟通并进行合作，优化其网络服务，使用户在体验移动图书馆服务时更加畅通、安全与快捷。首先，将先进的移动通信技术与移动服务平台进行匹配，并创建移动网络环境，根据服务系统的要求进行移动网络部署与合理配置；其次，在移动客户端与服务器端匹配多元化的移动网络接入接口，在客户机和服务器端建立特定的通信连接，来保证应用程序的正常运行，从而提高用户访问移动图书馆WAP站点的效率，加快使用APP软件时的数据传输速率。同时，通过网络融合技术实现移动图书馆业务与传统业务的无缝对接。

（二）用户与移动服务平台的交互

服务系统的交互界面是人机交互以及用户与用户交互的服务平台，该平台上的各种内容展示、导航、指南以及内容分布都影响到用户体验。移动服务平台可以进行准确全面的一站式信息检索，获取各种类型的信息资源（图书、期刊、学位论文、科研成果等），并对信息资源进行加工处理和比较分析，同时移动服务平台能够提供完整、权威、特色、实时的信息内容。

1. 用户感知和需求及其与移动服务的交互

用户通过移动终端使用移动图书馆服务时，有其感知和需求，访问移动图书馆WAP站点、使用APP应用软件时，其内容展示、页面感知以及是否能迎合用户需求，决定着用户与移动服务平台交互的质量。用户及服务馆员与移动服务平台的交互，真正体现了交互中人们的动态行为。当用户需求与行为特征信息传达到移动服务平台之后，应该及时通过服务组织与流程设计为用户提供其所需的信息资源。

2. 移动终端的信息架构

信息架构可从组织系统、标引系统、导航系统、检索系统对移动终端平台进行布局和展示，合理地组织信息，并且有针对性地研究信息的表达和传递方式。组织系统根据任务和用户进行分类，组织策略要清晰，对服务功能、流程、形式进行优化和设计。标引系统对用户经常点击的标签、图书馆资源更新、重要通知等进行重点标注；对标签进行标注解释以加深用户对标签含义的理解，同时为了方便用户的使用，对相关机构或部门进行链接，如"友情链接"或"相关链接"等。导航系统的合理布局方便用户访问，而且有访问路径，提供情境式导航，比如检索到一本书，然后网站会推荐类似的图书，或者在移动图书馆主页设有网站地图，为用户指明方向，帮助访问者找到他们想看的页面。检索系统运用数据库技术实现对图书馆的数据和信息系统化、程序化的组织管理，利用计算机自动化技术进行集图书馆管理、图书馆信息检索、图书借阅等于一体的基本索引，同时对检索式附加解释和说明，通过该系统方便、快捷、准确地进行信息资源检索与管理。

3. 移动服务

后台控制与移动服务管理平台不仅有交互界面的信息架构，而且还有后台的规则与约束。信息资源内容按照一定的规则集中控制、管理并即时发布。信息系统（包括硬件、软件、数据、人、物理环境及其基础设施）受到保护，不会因偶然或者恶意的事件而遭到破坏、更改、泄露，可保证系统连续可靠正常地运行，最终实现业务的连续性。移动图书馆的信息资

| 第五章　高校移动图书馆与移动服务 |

源与用户的直接交互,需要对移动终端进行管理,包括终端客户资料库的建立、维护、分类等。对移动图书馆系统进行权限设置,注册并通过认证的用户可以访问所有相关资源,其他用户在接受部分服务时受到限制。移动终端接入无线移动网络需要对接口进行匹配,实行多元化的部署与管理。应用软件安装在移动终端,跟踪应用程序的生存期并与之交互,定期检测和响应未经处理的异常,规范应用程序范围内的属性和资源,保证移动服务资源的真实与安全。

（三）服务系统各部门之间的交互

整个移动图书馆服务系统代表了其品牌与形象,体现了政策对移动图书馆的支持力度以及图书馆上层的贡献度。服务系统的运作与部署、沟通与协商、监督与指导,充分展示了移动图书馆服务的职能。

用户与服务系统的交互,不仅是通过移动终端随时随地进行体验与感知,更重要的是到馆实时接受服务并感知其服务设施与实体服务环境。同时,用户根据其流程设计与软硬件配置,可以通过网络查询其他信息服务与之作对比,整体把握移动图书馆信息服务。服务系统各部门之间要定期沟通与交流,即时把握实时动态,有效响应服务馆员转达的用户意见或个性化需求。

目前,个别图书馆为了追求移动服务的规模,挑战信息服务,花费大量资金购买相关技术,或者找第三方合作商,过分追求技术的先进性。这实质上是以推广新型信息服务为目的,并没有从用户的角度去考虑问题。移动图书馆服务的动机是图书馆将自己作为信息和知识的中转站,突破传统的信息服务方式,为用户提供即时、便利、快捷等特征的服务。所以,用户的直接体验最能有效体现移动图书馆的服务。

（四）用户与服务馆员的交互

用户进行移动参考咨询、在线帮助等服务时需要和服务馆员进行交互,在交互过程中服务馆员的态度、业务能力、专业水平决定了用户的满意度。同时，服务馆员与服务环境、服务平台、信息资源以及服务馆员之间进行交互，而且应当亲自去体验并检验其服务效果，以完善移动图书馆服务并提高其服务效率。当然，用户在与服务馆员交互的过程中，要换位思考、不断学习、总结经验，尤其要学习服务人员的业务素质和服务态度，深刻领会移动图书馆服务的理念和方式，提升自己的综合素质。

对图书馆员而言，其不仅需要有扎实过硬的理论基础，而且必须快速掌握并有效发挥移动图书馆的服务技能，同时还要充当移动图书馆服务的使用者、推广者和引导者，利用微信等社会化网络向用户及时传递移动图书馆的服务动态、资源更新等信息。

（五）用户之间的交互

随着移动图书馆服务的快速发展，用户与用户之间的交流互动、知识共享日益频繁。社会化媒体的兴起与广泛传播使用户之间的交互方式更加多样化，提供移动服务的图书馆大部分都开通了官方微博、微信公众账号等，并安排专业人员负责运营，及时发布最新信息，开展多元灵活的用户互动活动以引起用户的关注与评论。针对不同图书馆的个性化资源，通过数字资源管理系统，可实现不同类型的特色文档、教案等的多终端移动阅读和交互，不同用户针对文献所做的原迹批注均可以在图书馆微博中分享，供大家相互学习。用户通过这些社会化媒体进行互动，增进彼此之间的知识与服务交流，促进用户群体的形成，而图书馆则可扩大信息服务的圈子，并在此基础上构建知识社区或者与已有的知识社区合作，为用户信息交流与知识共享提供多元化服务。

社会化交互网络的扩大使移动图书馆逐渐由知识服务平台向知识社区演变，借助移动社交工具和软件或者与已有的知识社区进行融合，形成用户专享的知识共享空间，其目标是知识创造、传播和分享，从而能够帮助用户进行信息交流、知识学习、资源共享、研究合作。用户通过移动图书馆社交服务平台探讨学术问题、交流服务经验与技巧、分享知识资源，积极主动地参与互动，让自己由被动的知识接受者转变为主动的知识贡献者，使移动图书馆的知识资源有效运转起来并得到充分利用，以提高其服务交互质量。

第六章 高校智慧图书馆服务平台的创建

第一节 智慧图书馆的服务途径及其构建

一、智慧服务概述

图书馆知识服务是顺应知识经济时代发展的服务，建立在智慧基础上的知识服务是推动知识应用、知识开发的重要因素，也是知识服务的高级形态。

图书馆 2.0 与智慧图书馆体系都是建立在数字图书馆或复合图书馆的基础上，二者的主要区别在于技术和硬件。图书馆 2.0 主要依赖的是 Web2.0 技术，例如 Tag、Blog、Rss、Ajax 等，而智慧图书馆则主要依赖于传感技术、物联网、云计算机。因硬件和技术方面的优势，智慧图书馆较之图书馆 2.0 能提供更高层次、更有个性、更加智慧的信息服务，但二者的内涵与服务理念是一致的，皆以"以用户为中心，以个性化服务"为原则。

（一）智慧服务提出的背景

在 20 世纪初，社会生产力的发展只有百分之五依靠科学技术进步，而到了 20 世纪末，一些发达国家的这一比例已经达到 70%~80%。进入 21 世纪以后，科学技术作为第一生产力的地位越来越得到充分体现，经济的发展比以往任何时候都更加依赖于知识的生产、应用和扩散，知识在现代社会创造的价值已远远高于传统的生产要素，成为所有创造价值要素中最基本的要素。知识与经济的紧密结合标志着知识经济时代已经来临。

在这个知识经济时代，图书馆服务的模式应该是基于信息资源的知识挖掘以及具有用户需求分析功能的专家式的系统服务，即知识服务。而基于图书馆馆员智慧的知识服务可以称为智慧服务。

（二）智慧服务的概念

在经济领域，智慧又称创意，创意是创意产业发展的支撑点。创意产业指运用创造性智慧进行研究开发、生产交易的各种行业和环节的总和。知识经济时代，社会发展、产业发展不仅需要信息、知识，更需要智慧。智慧是推动知识转化为生产力，实现知识价值化的重要力量，也是国家创新产业发展的源泉。

智慧既是在运用已有知识的基础上创造新知识的过程，也是运用知识解决新问题的过程。在这个过程中，前提是知识的有效获取。图书馆作为人类社会的知识中心，是知识汇聚和传播的重要处所，帮助知识用户在知识应用过程中创造新知识、解决新问题，单靠提供图书馆的信息服务是不够的，必须依靠图书馆创造性的知识服务，或者说是依靠图书馆智慧的知识服务。智慧服务就是指建立在知识服务基础上的运用创造性智慧对知识进行搜寻、组织、分析、重组，形成实用性的知识增值产品，有效支持用户的知识应用和知识创新，并将知识转化为生产力的服务。图书馆智慧服务与经济领域的创意服务具有相似性，但其关注的是通过知识产品的服务给用户带来现实的经济效益或社会效益，实现知识产品的增值，并推动社会进步和生产力的发展。

（三）知识服务与智慧服务的关系

智慧源于知识。知识是人们认识和经验的总结，是抽象和逻辑的东西，必须经由人的大脑才能产生、识别和加以利用，而智慧则是为达到目标而运用知识的能力。智慧在于创新，可以从无到有地创造或发明新的东西；智慧在于发现，可以发现本来就存在但还没有被认知的东西。

智慧服务的基础是知识服务，智慧服务是知识服务的升华。知识服务以信息的搜寻、分析、重组的知识能力为前提，从各种显性和隐性信息资源中对有关信息内容进行筛选、分析、组织、重组，产生或形成有针对性的新的知识产品的服务。智慧服务则是建立在知识服务基础上的专业化的创造性服务模式。知识服务侧重于知识组织、知识共享、知识传递，而智慧服务的重点是为知识生产、知识开发、知识创造服务。知识服务注重知识的整合与知识导航，而智慧服务注重知识的价值实现、知识转化为生产力，通过智力和专业能力为用户创造价值，通过显著提高用户知识应用和知识创新效率来实现价值。因此，知识服务是智慧服务的前提和基础，智慧服务的根本特征是实现知识增值，从创造价值的角度来说，智慧服务提升了知识服务的内涵，是知识服务的升华。

（四）智慧服务的特征

印度著名图书馆学家阮冈纳赞在其著名的《图书馆学五定律》中提出的"每位读者有其书""每本书有其读者""书是为了用的""图书馆是一个生长着的有机体"理念，明确了图书馆的核心定位就是开发人的智慧、陶冶人的情操、启迪人的心灵，最大限度地满足人们日益增长的精神文化需求，使人们能够充分利用自己的智慧更好地服务于社会，创造更多的物质财富和精神财富，使人类社会更加文明、昌盛、和谐。而智慧服务是图书馆实现其核心定位最根本、最有效的途径。

与以知识传播为主的图书馆知识服务相比，图书馆智慧服务是以用户的智慧生成过程为中心，致力于培育用户驾驭知识、运用知识和创新知识的能力，进而实现智慧创造。图书馆知识服务是智慧服务的前提和基础，而图书馆智慧服务是图书馆知识服务的深化和升华。图书馆智慧服务有以下几个基本特征：一是公共性，其服务是面向广大用户、社会群体，是一种普惠范围的服务；二是智慧性，图书馆所提供的服务是在文献服务、信息服务、知识服务基础之上的智慧服务，图书馆充分发挥客观知识的拥有者、整合者、启发者的核心作用，帮助用户在知识应用的过程中创新知识、提升智慧；三是资源丰富性，图书馆必须通过物联网、云计算等先进的信息技术，掌握丰富的信息资源，包括纸质资源、数字资源、网络资源等；四是管理集群化，图书馆通过集群化综合服务平台实现知识的共建性整合、集约式显示、便捷性获取、无障碍转换、跨时空传递等；五是服务协同性，包括行业协同、地区协同等，在系统的顶层设计上整体推进，使资源由分散趋向集约、由异构趋向统一，克服资源在布局上各自为政、分散管理和重复建设的弊端，实现智慧图书馆的管理使命。

智慧服务的目的在于知识运用和知识创造，实现知识产品的增值效应。在智慧服务过程中，团队智慧显得尤为重要，通过智慧团队的智慧服务能够提高用户的创造性，进而促进生产力的发展，为用户带来巨大收益。

（五）智慧服务的内容

建立在知识服务基础上的智慧服务，关注的是知识转化与应用，因为知识本身并没有价值，它的价值只是体现在知识运用的过程之中。在信息社会中，图书馆服务的目的就是要实现"用知识和智慧创造价值"。创造价值的过程就是知识转化和运用的过程。目前图书馆智慧服务的应用尚处于初级阶段，主要有以下三个方面。

1. 决策支持

为知识用户团队提供决策支持服务是信息服务机构的基本内容。从我

第六章 高校智慧图书馆服务平台的创建

国来看,社会信息咨询机构发展缓慢,政府政研机构实力有限,大多数中小企业缺乏研究团队,而图书馆具有专业的情报服务能力,能够为知识用户提供决策支持服务。为知识用户提供决策支持的主要形式是专题服务,即通过对特定内容的信息、知识进行加工、分析、挖掘,形成专业的知识产品,为政府、企业、社会团体的决策提供智力支持,包括专题社会信息服务、专题产业分析报告、专题行业资讯等形式。这里以专题社会信息服务为例来说明。

专题社会信息服务是指图书馆根据社会需求开展的针对各个时期工作的重点、热点、难点问题,收集、分析、筛选有关信息,以简报、内参、专题报道等形式提供给相关信息用户决策层,为决策充当参谋和助手的角色。

提供决策支持不能仅仅是信息层面的服务,还应该是在数据的挖掘与分析基础上的创造性服务。数据挖掘也称知识发现,是从数据库中获取人们感兴趣的知识,这些知识是隐含的、潜在的。数据挖掘技术通过从数字图书馆、数据仓库和浩瀚的网络信息空间中发现并提取隐藏在其中的信息,帮助信息用户(决策者)寻找数据间潜在的关联,发现被忽略的要素,而这些信息对预测趋势和决策行为是十分有用的。只有建立在数据挖掘基础上提供的知识产品,才能将图书馆智慧转化为决策智慧,为知识用户提供决策支持服务。

2. 科学研究

科学研究是知识发现、知识创造的过程,即知识生产过程。为科学研究提供智慧服务,是图书馆知识服务的核心。

研究型知识用户是知识需求的主体,其需求是反映国内外有关课题的历史状况、当前水平和未来发展趋势等的综合性知识,他们所需要的不是一个个信息片断,而是精炼、浓缩的系统化知识。在不同的研究阶段需要不断地获取与课题有关的大量系统知识及实验数据。为此，图书馆智慧服务团队可深入到某一学科、某一研究项目中，配合研究型知识用户，从课题立项到成果鉴定，进行全程跟踪服务。同时，对该研究项目学科的相关知识、成果评价的知识、权威信息源或载体的知识等进行描述、评价和提示，对专业数据库进行智能类聚和链接，对口提供专业细化、面向课题的个性化专题知识服务。此外，图书馆智慧服务团队还要为研究型知识用户提供各个学科领域的最新研究动态、各个学科当前以至将来的研究热点，预测学科的发展方向，提供学科研究的核心信息源。

3. 产品研发

产品研发是指各种研究机构、企业为获得科学技术（不包括人文、社会科学）新知识，创造性运用科学技术新知识，或实质性改进技术、产品和服务而持续进行的具有明确目标的系统活动。产品研发一般指产品、科技的研究和开发。研发活动是一种创新活动，需要创造性的工作。其中，技术研发是指为了实质性改进技术、产品和服务，将科研成果转化为质量可靠、成本可行、具有创新性的产品、材料、装置、工艺和服务的系统性活动。产品研发水平是衡量一个国家创新能力的重要指标。产品研发的前提条件包括研发团队、研发经费、研发信息等。研发团队成员一般具有高学历，而且具备将知识转化为生产力的运作能力；研发经费是产品研发的必要条件；研发信息则是产品研发的基础。三者缺一不可。

图书馆为产品研发提供的信息包含基础知识信息和专业知识信息。基础知识信息属于知识服务的范畴，专业知识信息属于智慧服务的范畴。

基础知识信息为企业生产和决策服务。如复旦大学、上海交通大学等一大批高校图书馆已纷纷与企业开通"知识平台"，有计划地利用高校的人力资源和丰富的馆藏资源为企业服务，受到了企业的热烈欢迎。从知识管理角度来看，新产品研发过程就是知识共享、知识转化、知识创造的过程。

对国内外大型企业而言，实现新产品研发领域知识的管理，特别是研发知识资源共享和重用，是新产品研发知识管理系统的首要任务。然而当前还没有形成统一标准的知识管理系统（KMS）模型框架。目前已有几种比较典型的 KMS 模型：基于多 Agent 的系统模型、基于舱结构的系统模型和基于"社会—技术"双视角的系统模型等。但对大多数中小企业而言，建立知识管理系统的条件仍然不足。

因此，图书馆智慧团队应该充分利用自身的知识智慧，主动嵌入企业产品研发团队，提供知识产品服务。采取构建产品研发信息交流协作空间、个人知识库、机构知识库、专题知识库、学科知识门户等形式，通过知识服务，推动产品研发团队的知识共享、知识转化、知识创造，促进企业创新，提高知识转化成现实生产力的能力和效率。以上海图书馆为例，其提供的企业服务主要有：①企业技术战略和规划研究；②知识产权保护系列咨询服务及其战略研究，侵权调研与分析；③行业调研、市场调查、产品定位、商业机会分析；④科研成果、立项、专利、新产品等查新与评价；⑤企业综合性的个性化情报服务等。

智慧服务要求知识服务精品化。对产品研发团队来说，他们已不再满足于为其提供一般性知识服务，而需要提供解决问题方案的核心知识内容。这就要求将分散在该产品领域及相关领域的专业知识加以集成，从中提炼出对研究、开发与创新有用的"知识精品"供其使用，帮助其寻找新知识的生长点，激发知识创新的灵感，促使主观知识（隐知识）向客观知识（显知识）的转化运动，缩短技术创新周期，提高技术创新水平，增加人类知识总量。

为此，图书馆智慧服务团队应贯穿于用户解决问题始终，提供从知识捕获、析取、重组、创新、集成到应用的全程一体化服务。例如，郑州高校图书馆对"木粉聚醚催化合成"这一项目提供了历时 10 年的系统化情报服务，支持该项目获得了省科技进步奖及国家发明三等奖，他们成功的情报服务也获得了河南省优秀科技情报成果一等奖。

二、智慧图书馆的服务途径及其构建

（一）多时间、多空间的图书馆服务途径与构建

多时间、多空间的图书馆服务是现代图书馆的基本服务形式，也是智慧图书馆的基本内涵要求之一。智慧图书馆除为用户提供传统物理图书馆书籍借阅等服务外，还能提供延伸空间与时间的服务。"三网融合"也为这种延伸提供了条件，利用网络、电视、新媒体享受基本的图书馆服务不再是难题，网络图书馆、手机图书馆、24小时自助智能图书馆保证了全天候的多时间服务。智慧图书馆在多时间、多空间的服务途径构建中，一方面需以实体的物理图书馆为阵地，增加以阅读活动、信息服务等为主要内容和主题的活动；另一方面还需增加手机图书馆、网络数字图书馆、24小时自助图书馆等服务平台，延伸和丰富图书馆的服务载体，使用户在任何时间（包括白天、晚上、节假日）、任何地点（如办公室、家里、地铁）都可以实现通过图书馆进行信息的获取与利用。可喜的是，目前我国越来越多的图书馆建设了网络图书馆、数字图书馆和手机图书馆。随着社会生活节奏的加快及信息价值的进一步显现，企业也敏锐地查看到了民众信息需求的迫切性，开展了诸多的图书借阅服务，如中信出版社所推出的"云端图书馆"。这些方式新颖、服务贴合实际、创建主体多元的服务方式也都进一步阐释了智慧图书馆的多时间、多空间服务内涵特征。

（二）以人为本的图书馆服务途径与构建

以人为本是智慧图书馆的另一大主要内涵，特别是随着近年来信息技术的发展及应用，越来越多的图书馆注重技术在服务与建设中的实践，提高了图书馆的服务水平和效率。但在具体的发展中很容易走入重视现代生

活元素而疏忽传统人文特色的歧途，如在馆舍建设、资源构建方面走铺张浪费道路，重馆舍面积及馆藏数量而轻服务，使得图书馆作为社会文化传播、研究、储存的本职功能未能真正发挥应有的作用。智慧图书馆在以人为本的服务途径构建中，应重视原有的传统服务优势，充分发挥馆员及馆藏优势，开展嵌入式、专业化服务，使图书馆真正成为社会知识组织、研究与服务的中心。2000年始于丹麦哥本哈根、2008年进入我国的"真人图书馆"就是现代图书馆以人为本服务的一大创新典范，值得各个高校图书馆在实践中借鉴。

（三）高度智能的图书馆服务途径与构建

智慧图书馆强调图书馆的高度智能与智慧管理。在高度智能方面，信息技术及系统的发展促成了管理系统在图书馆的资源、人力、财务管理等各个领域的广泛应用，Web2.0、RFID等技术的应用也为图书馆智能化的资源定位、智能化的资源推送、智能化的资源定制、智能化的资源管理、智能化的办公等提供了条件。在智慧管理方面，图书馆管理者既需重视文献资源的收藏、研究与利用，也需重视图书馆在社会文化建设中的社会责任；既需重视读者用户的服务环境、服务效率与服务水平建设，也需重视将读者吸引、融入图书馆建设。智慧图书馆在智能化服务的实现途径构建中，可主要以实现智能化的图书存放与调度系统、智能化的图书馆安防系统、智能化的服务环境调节系统（如灯光调节、温度调节等）、智能化的信息管理系统（如个性化知识的智能化抓取、组织与推送等）为突破口，运用智慧管理，推动一场发展理念、服务技术、管理形态的全新革命。

（四）基于"第三空间"理念的图书馆服务途径与构建

随着全媒体时代的到来以及人们更加强调图书馆的文化休闲作用，图书馆将从传统的以书为中心转变到未来的以人为中心。"第三空间"这一词准确表达了近年来人们对图书馆特别是公共图书馆的建设愿望。"第三空间"所反映的图书馆休闲理念也是智慧图书馆的主要理念之一，因为智慧图书馆也强调图书馆的休闲功能。智慧图书馆在基于"第三空间"理念的图书馆服务实现途径构建中，可以通过增设咖啡屋、音乐室、文化活动室等来实现，再通过营造舒适的人文、绿色、休闲环境来凸显图书馆的休闲氛围，使读者在休息中阅读、在阅读中休息。

（五）基于资源共享、集群发展要求的图书馆服务途径与构建

信息社会海量的信息量以及用户信息需求的复杂多样化为现代图书馆资源建设提出了挑战，而网络信息技术的发展为资源的共享提供了条件。走资源共享道路、构建地方公共图书馆服务体系也因此成为近年来我国公共图书馆的发展趋势之一，总分馆、集群式、联合发展等资源共享模式已在我国东部沿海城市的公共图书馆中得到了实践。智慧图书馆的服务模式是一种新型的以知识和信息进行共享整合、便捷利用、多维度服务的服务模式，因此，资源共享与集群式发展是智慧图书馆的一大主要特征。智慧图书馆在基于资源共享、集群发展内涵要求的服务实现途径构建中，需借鉴国内外发展经验，总结、分析自身的特殊性与差异性，因地制宜，找到一条适合自己发展的资源共享、集群管理发展模式。

第二节 智慧服务平台的构建

从信息管理与应用的角度来看，智慧图书馆建设可分为信息汇集、协同感知和泛在聚合三个阶段。智慧图书馆服务平台的构建必须具有异构性、开放性、移动性、协同性、融合性等特点。在建设过程中必须关注用户的实际信息需求，通过构建、整合各种信息资源、网络平台，提供让用户放心且安全的使用环境，使用户能够跨越时空、无障碍地使用图书馆的资源，满足用户不断变化的各种信息需求。

| 第六章　高校智慧图书馆服务平台的创建 |

一、服务主导原则

在图书馆智慧信息服务体系的构建中，技术、资源和服务是相互依存、相互支撑的关系。技术是必备的手段，资源奠定了内容基础，而服务是最终的结果。阮冈纳赞曾说"书是为了用的"，在物联网和云计算环境下可以看作"资源是为了用的"，"资源利用"是图书馆服务的根本所在。技术是图书馆智慧信息服务体系的支撑，资源是智慧信息服务体系的核心竞争力。没有资源，智慧信息服务体系就会成为"无本之木"。服务是智慧信息服务体系构建的根本目的，是智慧服务平台构建的立身之本。

二、资源集成原则

资源集成是智慧图书馆服务与管理的技术基础。图书馆需要借助云计算技术、物联网技术建立起文献感知服务系统和整合集群管理系统。资源集成就是在各个文献信息机构、各类文献之间建立起跨系统应用集成、跨部门信息共享、跨库网转换互通、跨媒体深度融合、跨馆际物流速递的服务与管理模式。

三、以人为本原则

在资源集成的基础上，实现资源与人的时时相联，其中既包括资源与馆员的互通相联，也包括资源与用户的互通相联。这是智慧图书馆服务与管理的关键，体现出以人为本的图书馆发展理念与实践。例如，深圳图书馆研制出的第二代智能书车和城市街区 24 小时自助图书系统、上海普陀区图书馆设立的图书漂流自助亭等。这些表面看起来无人值守的图书馆，其自助服务是建立在前台的服务机与后台庞大的集群网络化布点、信息化管理、一体化物流管理系统之上的。通过后台强大的管理系统和集成化服务，实现馆员—资源—用户的互通互联，依靠现代信息技术满足用户的信息需求，体现出图书馆服务以用户为中心、以人为本的原则。

第三节 智慧图书馆情境感知服务模式

一、情境感知服务模式定义

情境感知，又称"上下文感知"，是对由智能终端设备、上下文、物理环境等构成的整体进行管理、安排、调整，建立用户与系统或设备间相互连接的基础，为其他服务开发提供统一的应用框架。近些年，有关情境感知应用的研究日益增多。由刚开始的位置感知应用（如智能博物馆导览系统），发展到能够根据用户当前状态进行感知，并据此为用户提供个性化服务。

随着移动网络的发展，以智能终端设备为载体的情境感知应用也越来越多。这些移动设备可以通过 APP、局域网来获取用户特征和周围环境，为用户提供个性化的信息推荐、图书检索等服务。智能技术和情境感知技术的有效融合促进了智能情境感知研究的发展。在情境感知的应用中，除了各种智能设备外，用户希望情境感知应用可以根据周围环境和用户过去的经验来提供服务。所以，情境感知系统应该具有获取用户实时情境信息的能力，并可以结合用户个人信息描述、设备状态和情境状态，反馈用户需要或改进自身操作。其中，情境感知技术是图书馆发展过程中必须经过的关键一步，是构建智慧图书馆过程中的一个里程碑。

二、智慧图书馆情境感知服务模式设计

（一）智慧图书馆情境感知服务模式架构

智慧图书馆情境感知微型学习系统框架结构可具体划分为：①智慧图

书馆服务平台,该平台融合了智能、服务、体验等几大要素,组合形成一种集线上与线下相融合的图书馆新形态;②情境数据获取层,通过若干种方式对用户的各种情境数据进行收集,获取用户需求信息、情境信息及各种历史相关数据;③情境数据分析层,处理和存储情境信息;④情境感知服务推送层,将符合用户情境数据的服务信息推送给用户。

1. 智慧图书馆服务平台

在数字图书馆的基础上,依据智能通信网络以及现代服务功能,人们提出了一种新业态——智慧图书馆服务平台。该平台不单是将传统图书馆功能数字化,还借助了传统图书馆的资源,是在智能化基础上建立的以共享服务为主的一种图书馆形式。在这个智慧图书馆中,最核心的是传统意义上的实体图书馆,除此之外,还配有一系列围绕图书馆主题的生活娱乐设施,用户可以体验到若干主题(如电影院、餐厅、游乐园等)的娱乐项目。这种智慧图书馆服务平台通过移动应用程序与用户相关联,随时随地给用户提供服务。

2. 情境数据获取层

对多数用户而言,其情境信息可以直接从其内外部信息源获取,传感器采集用户所处环境的各种数据。对智慧图书馆来说,通过用户登录时的账号以及连接的无线局域网,智能终端设备就可以随时随地获取读者的位置、借阅记录、阅读时间、停留位置及时间长短、经常使用的服务等情境信息,并进行初步分类与过滤处理,进一步分析得到所需要的情境数据。智慧图书馆从多个方面多个角度追踪用户的行为,分析用户的智能环境,从而给出完整的情境数据收集结果,这就为正确推送合乎用户需求的信息服务提供了保障。

3. 情境数据分析层

根据体系结构,情境感知数据分析可具体划分为4步:①情境数据整理,服务器对客户端发来的信息进行整理，并根据类别进行分类，处理一些不正常的数据；②情境数据抽象，系统将收集到并且已经分类的情境数据进行抽象化，并且根据一定的数字化语言抽象转化为相关信息；③情境数据解释，把信息文字化，用相关情境语言解释，为其赋予一定的含义；④情境数据存储，对转化好的信息进行服务器内部存储建档，以便使用。将获取的情境数据进行综合分析形成相关情境模型，并且评估和分析数据的准确性，排除偶然性，并将满足要求的情境数据所反映出的需求传达到智能终端，继而实现个性化推荐服务。

4. 情境感知服务推送层

智慧图书馆服务是建立在各类数字资源上的，所提供的服务需要结合移动终端展示。情境感知服务模式最大的特点是"因人而异"，能够对用户当前的情境信息进行确认，并通过挖掘其他用户在特定情境下的选择历史记录（操作记录）来推荐给当前用户，以此带来用户个性化服务体验。其工作流程是：获取情境信息和用户需求，从数据库中找到适合用户的服务，将资源推送给用户。这种个性化推荐，不但有利于发掘用户的需求，从而为其提供有效信息，而且能够帮助他们减少不必要的学习时间和学习成本，达到高效率的学习效果。

以上各个模块是一个动态循环的互动过程，智慧图书馆服务平台对客户端传来的情境数据进行采集分析，提取出相关用户需求，对其可能感兴趣的资源进行个性化推送。用户收到服务资源后，通过对学习过程体验的自我感知，对服务资源进行评价，并反馈至智慧图书馆服务平台，管理员对系统内相关机制进行整改，并对服务资源库和情境数据库进行不断地扩充和修改，以丰富历史情境数据，逐步提高推荐的质量。

（二）服务方式

1. 传统图书借阅服务

当进入图书馆以后，用户就可以通过微信、微博和QQ等方式快速登录智慧图书馆服务平台，体验数字图书馆传统图书借阅服务。在登录的同时可以设置个人偏好信息，甚至可以和图书馆一卡通进行绑定，这样就实现了个人信息的确认，从而为后续更加精准的用户需求分析提供了必要的数据支撑。

2. 分析服务

通过分析用户需求，为用户提供个性化的信息服务，并将需求分析结果反馈给用户；也可为用户信息建立档案；还可跟踪、预测、评估适应用户需求的信息，并进行智能推送。

3. 推送服务

系统会根据用户的阅读偏好、阅读风格和阅读习惯来提供所需的资源和感兴趣的书籍。智慧图书馆会获取到读者近期所打开的APP，分析和预测用户近期所需的图书和服务，实现智能化推送服务。例如，当用户搜寻某本书籍时系统会自动推送与其相关的其他书籍并且提供相应位置信息；了解到用户近期想要看某一个电影，系统会推送相关电影播放地点及场次。系统还会根据用户的心情状态提供相应书籍，也会根据数据分析制订用户的阅览计划。

4. 导航服务

智慧图书馆不仅可以对场馆进行虚拟定位，还可以对馆藏资源位置进行实时感知及推送。用户进入图书馆时，既可以感知馆内各个实体部门的位置信息，也可以获取图书的准确上架位置。对大型图书馆来说，智能系统串联起各个分馆信息，使得整个图书馆成为一个有机整体，到达图书所需的线路、精确位置信息一应俱全，甚至系统还会随时监控当前的温度、湿度等。

5. 体验服务

用户可以在智慧图书馆数字体验区进行虚拟图书馆体验、3D图书阅读体验、可穿戴设备体验、电子书借阅机体验、感应式时间轴体验、瀑布流图书借阅机体验、3D打印体验、移动设备体验等，利用VR技术可以为用户提供模拟空间场景，使用户远程体验实体空间，或者模拟纸本翻阅等。

6. 互动服务

智慧图书馆可以根据每位读者所阅读的书籍类型、内容、时间等进行相似性匹配，找到具有相同爱好和习惯的读者，相互推荐成为书友；互动板块可以进行留言交流，发表各自的看法，使智慧图书馆更具互动性，更有活力。互相发表对相同书籍的读后感，得到更多对书的感悟，可以使图书馆变成一个相互交流思想、拓展思维方式的好地方。

7. 休闲娱乐服务

智慧图书馆不仅仅，也不应该只提供图书馆服务，更应该提供多种娱乐设施和服务，将其打造成一个拥有多种服务的文化中心。当用户走进图书馆局域网内，系统就会迅速获取用户打开的所有软件的信息，并通过数据分析，了解读者喜爱的娱乐设施，然后向其推荐并发送具体娱乐设施所在位置。比如，分析出读者喜爱的书籍之后恰好也有相关电影，系统就会主动推送电影相关资料及播放地点。

8. 自助服务

用户自入馆开始，全程"刷脸"，方便快捷，减少了带卡和丢卡的麻烦，同时增加图书馆管理的安全性，提升了书籍借阅的便捷性；自助机器人代替人工进行咨询、导航等服务；智能书架基于RFID技术，实现图书实时清点、定位、错架统计、精准检索功能。

除了以上服务，智慧图书馆可同时感知图书馆的环境，把传感器等装置在图书馆管理对象上，如书籍、空调、加湿器等，对图书馆中的湿度、温度进行调节控制。智慧图书馆通过提供多种个性化服务，将自身打造成一个多功能的生活场所。

三、智慧图书馆情境感知服务发展建议

通过评价指标权重的确定，可以发现智慧图书馆情境感知服务模式所涉及的各要素中，系统技术权重最大，其次是情境数据资源和绩效管理，用户体验权重反而最低，这也充分说明以往一直强调的"以人为本"服务理念在情境感知服务模式中更侧重于服务的后勤保障能力。对此，图书馆可以采取以下措施提升服务水平，优化用户服务体验。

（一）准确把握各类情境要素

为保障图书馆情境感知服务顺利实施，图书馆需要从多个角度做好情境信息采集、分析、归纳与推理工作，尤其是要准确把握不同的情境因素，采用有针对性的情境建模方法，在数据挖掘与要素过滤基础上，实现用户需求与推荐资源的有效匹配，保障智能推荐的实时有效性。

（二）促进情境数据资源共享

图书馆在准确把握各类情境要素的基础上，要强化多方合作，促进资源整合共享，尤其是与用户相关情境数据的共享，形成开放式的情境感知信息服务体系，促进线上线下信息的高度互联，改变现有情境感知乏力、服务单一格局。同时，智慧图书馆情境感知信息服务还受到情境信息资源的有效获取与计算、用户情境需求的精确提取、情境感知推荐算法等诸多问题的困扰，所以在面对大量资源时要进行资源分类、合理排列资源，减少数据冗余。向用户推送资源时，要尽量确保资源的准确性。情境数据资源要及时更新，确保资源的时效性。符合情境的推送服务将极大地增强用户黏度，有助于提升图书馆的亲和力和影响力，引导和净化网络环境。

（三）定时优化系统性能

在积极稳妥地扩展服务内容的同时还要确保服务响应快捷有效。通过评价指标体系量化发现，无论是专家还是普通用户对移动环境下系统的响应时间、反应速度都异常敏感，其次是系统的鲁棒性和结果的正确性问题。图书馆情境感知服务的发展离不开自身系统技术的发展，只有技术设备有所提高，才能提供更多更好的情境感知服务。所以，应该尽量扩充各方面的情境感知服务内容，用更新颖、多样化的情境感知服务吸引用户，确保系统的反应时间，并尽量使界面简洁方便，因为界面的优化（智慧图书馆后台管理界面和 APP 界面）也可以提高用户的满意度。

（四）征集用户意见以构建个性化服务内容，扩展服务内容，提升满意度

用户体验中使用的便利程度和个性化服务内容在服务质量评价体系中占据相当重要的位置，所以在构建智慧图书馆时也要向用户征集意见，让用户参与到图书馆的建设之中。毕竟智慧图书馆情境感知服务模式最主要的功能就是向用户提供各种服务。要想提高用户对整体的满意度及对个性化服务的满意度就必须获取更多的用户信息，加强对用户的综合分析。同时，为了增加用户与系统的互动，可以对系统进行评价的用户进行相应奖励。还可以匹配相似或互补兴趣爱好的用户进行相互推荐，在用户之间建立通畅的沟通桥梁。总之，要提供用户感兴趣的个性化服务内容，同时优化用户的使用体验，为用户提供更创新的情境感知服务，增加用户的互动兴趣。

（五）保障用户个人隐私安全，加强服务人员业务培训、队伍建设及资源管理，保证资源合理调配

智慧图书馆在采集、整理情境信息和提供服务过程中，不仅需要关注数据的深度挖掘与共享问题，也应该做好用户隐私保护工作。智慧图书馆

只有采用安全可靠的方式获取更多的用户信息才能为用户提供个性化服务，所以智慧图书馆首先要加强对用户信息的安全保护，可以采取升级信息安全保护系统、加密用户信息数据库等方式。其次，在日常管理方面，对特定类型的情境感知服务工作人员要进行定向培训，使面向用户的服务更加专业化。智慧图书馆的情境感知服务要定期更新服务，这就要求拥有一个优秀的项目开发团队。拥有新的项目才能不断吸引更多的用户，所以要重视项目的不断开发。最后，在资源管理方面，要尽可能减少资源成本的支出，但要保证各项资源的质量，同时保证情境资源在所有资源中占据合理的比例。

第四节　智慧图书馆馆员队伍建设

馆员是图书馆的灵魂。馆员的存在，可以有效弥补科技中缺失的人文精神。在智慧图书馆中，馆员要做的就是在不破坏读者行为习惯的基础上，更好更快地回答用户提问。智慧图书馆馆员队伍的培养可以从三个方面展开。

一、优化源头

高校图书馆需要变革现有的馆员招聘模式，智慧图书馆的馆员既不是普通馆员，也不是行业专家，充当的是"引路人""桥梁"的角色。当前高校图书馆在初次选拔中，大多数比较看重馆员的"学历程度""专业对口"这两个方面，门槛较高，但在馆员成功任职之后，对馆员能力的培养却相对不足，馆员的工作氛围也相对自由和宽松，这种"先紧后宽"的模式容易使人安于现状，变得懈怠，因此这种选拔方法并不适用于智慧图书馆馆员。智慧图书馆馆员的初级选拔，可以放宽甚至是摒弃对"学历程度""专业对口"两个方面的要求，转而采取资格认定的方式，由国家有关部门组织统一的智慧馆员从业资格考试，考试内容包括图书馆学相关理论、管理学、心理学、现代信息技术等笔试内容，尤其是互联网、物联网、云计算技术、大数据、数据挖掘、人工智能等方面的知识内容。

二、盘活存量

智慧馆员是智慧图书馆中最重要的因素，是图书馆精神的动态体现。在现有条件下，"盘活"图书馆人力资源存量是建设智慧图书馆的现实之举。

（一）优化配置

采取分类使用的方法，重新配置现有馆员，将有着一定智慧图书馆知识的馆员安排在采用智慧服务系统或设备的部门，而将那些缺乏智慧图书馆知识的馆员仍然安排在传统的业务部门。

（二）组织培训

组织培训，提高那些缺乏相关知识而愿意接受新挑战的馆员的素质。培训内容包括科研能力的培养、协作能力的培养、情报意识的培养等，并帮助馆员在实践中提高业务能力。

（三）强化智慧意识

智慧意识，是指保持对事物中"知识—智慧"型资源的敏感度，通过深入学习与实践探索等多种方法的综合运用，完成知识向智慧的转化。智慧意识有点类似情报意识，需要馆员在长期的生活学习中缓慢积累形成，并且要有善于观察和敏感的内心。智慧意识的基础来源于个人对自身知识结构的优化整合，个人的知识发现和提炼能力直接决定了个人智慧意识的高与低。

（四）培养创新能力

相较于普通馆员，智慧馆员需要更高的创新能力。创新能力在智慧图书馆中占有重要地位，把创新能力纳入馆员晋升评优考核体系中，将会大大激励馆员的创新动力。

三、持续优化

提倡馆员开启"专深—终身"二维学习模式。"专深—终身"二维学习模式，指的是在坚持终身学习的前提下，鼓励馆员纵向拓展知识面，有一技之长，要成为学习型馆员。

（一）培养学习的习惯

智慧馆员要根据自己的经验，发现身边的新知识并能将这些新知识融于工作中，提升工作的乐趣与新鲜感，在完善自我的同时也推动智慧图书馆的发展。

（二）善于借助先进的学习工具

先进的学习工具可以帮助人们更快更好地学习，例如各类高校或科研机构的门户网站、学习论坛和其他辅助工具等。馆员们要学会熟练运用这些学习工具积累知识，并相互分享经验，相互交流，共同进步。

（三）终身学习

终身学习是一项长期的"工程"，需要别人的监督与鼓励，最好的监督来自于每年图书馆举办的职业技能考核，最好的鼓励来自于一起参与工作的其他智慧馆员。图书馆管理者应当了解馆员们最渴求的是什么，可以在图书馆制度中明确规定每个月安排半天时间供馆员们举办沙龙交流会、观点交流会、意见讨论会等，促进馆员之间进行交流，培养图书馆进步、融洽的学习氛围。

参考文献

［1］《图书情报工作》杂志社. 移动图书馆服务的现状与未来［M］. 北京：海洋出版社，2015.

［2］杨新涯. 图书馆服务共享［M］. 北京：知识产权出版社，2016.

［3］黎晓. 图书馆服务与建设［M］. 广州：世界图书出版公司，2015.

［4］杨永华. 智慧时代高校图书馆服务创新与发展研究［M］. 北京：原子能出版社，2020.

［5］过仕明. 图书馆移动服务模式和质量评价研究［M］. 哈尔滨：黑龙江人民出版社，2019.

［6］杨琳. 高校图书馆管理与阅读服务模式创新［M］. 长春：吉林人民出版社，2019.

［7］李颖. 图书馆现代化服务与管理［M］. 北京：中国华侨出版社，2019.

［8］凌霄娥. 图书馆管理艺术与信息化应用研究［M］. 西安：西北工业大学出版社，2020.

［9］孟银涛. 泛在环境下高校智慧图书馆研究［M］. 北京：中国农业大学出版社，2018.

［10］袁润，沙振江. 大学生信息素质初级教程［M］. 镇江：江苏大学出版社，2013.

[11]《图书情报工作》杂志社. 图书馆服务创新与绩效评估[M]. 北京：海洋出版社，2012.

[12]王云祥. 我国高校图书馆制度与读者权利冲突研究[M]. 长沙：中南大学出版社，2011.

[13]赵琪，相平. 高校图书馆应用教程[M]. 西安：西北工业大学出版社，2011.

[14]马家伟，杨晓莉，姜洋. 图书馆与图书馆学概论[M]. 长春：吉林科学技术出版社，2016.

[15]唐伦刚，储冬红. 大学生信息素养教育[M]. 武汉：华中科技大学出版社，2015.

[16]王军光，马芳，冯宏宇. 大数据下图书馆信息服务模式研究[M]. 长春：吉林文史出版社，2017.

[17]黄健，沙永群. 高等学校图书文献的管理与使用[M]. 哈尔滨：哈尔滨地图出版社，2006.

[18]赵琪，相平. 高校图书馆应用教程[M]. 西安：西北工业大学出版社，2011.

[19]宋丽萍，王颖，于君. 大数据环境下高校图书馆信息资源建设与共享[M]. 北京：兵器工业出版社，2020.

[20]谢鹏程. 最新高校图书馆评估指标标准与管理规范指导手册[M]. 北京：高等教育出版社，2007.

[21]韩红予，张联锋. 高校图书馆文献采访理论与实践[M]. 武汉：武汉大学出版社，2012.

[22]肖凤玲，喻志刚. 大学图书馆利用基础教程[M]. 北京：科学出版社，2010.

[23]李辉，李孝忠，程传功. 高校图书馆应用教程[M]. 济南：

山东大学出版社,2004.

[24]张涛.图书馆利用与文献检索[M].长春:东北师范大学出版社,2017.

[25]杜良贤.图书馆利用与文献信息检索[M].成都:电子科技大学出版社,2015.

[26]李健,张德书.现代大学图书馆使用指南[M].北京:北京图书馆出版社,2000.

[27]王颖波.现代图书馆管理与图书分类法实务全书[M].西安:西北大学出版社,2002.

[28]董婷婷.大学生健康[M].南京:东南大学出版社,2007.

[29]《图书情报工作》杂志社.智慧城市与智慧图书馆[M].北京:海洋出版社,2018.

[30]苏建华,汪初芸.信息检索与理论实践前沿研究[M].重庆:重庆出版社,2016.

[31]黄宗忠.图书馆学导论[M].武汉:武汉大学出版社,2013.

[32]董隽,宋戈,张毅宏.图书馆与图书馆学简论[M].兰州:兰州大学出版社,2013.

[33]徐帮学.图书馆管理标准规范与图书分类法[M].长春:吉林音像出版社,2003.

[34]李清.图书馆知识管理理论与实践研究[M].沈阳:沈阳出版社,2012.

[35]刘飞.实用图书馆读者手册[M].石家庄:河北教育出版社,1993.

[36]刘文文,邱晓辰.新技术环境下大学图书馆创新与发展研究

[M].北京：中国商业出版社，2019.

［37］徐娅囡．新形势下高校图书馆的发展与创新研究［M］．北京：中国纺织出版社，2017.

［38］胡英君，滕悦然，王立彦．智慧教育实践［M］．北京：人民邮电出版社，2019.

［39］赵洁，刘凤侠．信息时代大学图书馆利用教程［M］．沈阳：辽宁大学出版社，2009.

［40］孙坦，初景利．图书馆嵌入式学科服务的理论与方法［M］．北京：科学出版社，2015.

［41］董玉梅，徐阳，吴爽．高校图书馆服务研究与现代图书馆管理［M］．北京：中国纺织出版社，2019.

［42］蒋群蓉．当代高职院校图书馆服务创新与发展研究［M］．长春：吉林出版集团股份有限公司，2018.

［43］谢静．新媒体环境下高校图书馆嵌入式学科服务研究［M］．北京：经济管理出版社，2019.

［44］高岩，景玉枝，杨静．智慧图书馆信息化建设理论与实践［M］．北京：科学出版社，2020.

［45］张占国．现代图书馆服务创新与服务评价［M］．北京：中国知识出版社，2006.

［46］徐婷．高校图书馆门户网站建设［M］．上海：上海社会科学院出版社，2016.

［47］郑志军，杨红梅．高校图书馆管理创新研究［M］．成都：电子科技大学出版社，2014.

［48］林水秀．高校图书馆资源建设与管理研究［M］．长春：吉林大学出版社，2016.

[49]钟建法.高校图书馆信息资源采访[M].广州：世界图书广东出版公司，2014.

[50]郑勇.高校图书馆文献信息服务研究[M].北京：国家图书馆出版社，2015.

[51]赵洁，王维秋.高校图书馆文献采访理论与实践探索[M].北京：中国农业大学出版社，2016.

[52]杜晓林，杨剑平，邢燕丽.高校图书馆的创新与实践[M].北京：科学家技术文献出版社，2012.

[53]刘宝存.大学理念的传统与变革[M].北京：教育科学出版社，2004.

[54]克鲁普斯卡娅.列宁论图书工作[M].北京：时代出版社，1957.

[55]杨佳莲.论数字图书馆与学习型社会的同构[J].科技情报开发与经济，2006（16）：41-43.

[56]周玲元，闫思琪，朱翔宇."智慧图书馆"情境感知服务模式及评价研究[J].图书馆学研究，2017（21）：23-30.

[57]蒋群蓉，叶莉新.高职院校图书馆绩效考核探讨[J].中国教育技术装备，2012（15）：98-99.

[58]蒋群蓉.高职院校图书馆人性化管理之我见[J].办公自动化，2012（6）：15-16.

[59]蒋群蓉.浅议高职院校图书馆员职业道德建设[J].新课程（教育学术），2011（9）：188.

[60]蒋群蓉.职院图书馆信息资源共建共享探讨[J].合作经济与科技，2013（23）.

[61]曹钰镜.图书馆智慧化服务浅析[J].商情，2013（49）：

155-156.

[62]谢新洲,夏晨曦,柯贤能.科技查新行业发展现状及面临的问题分析[J].图书情报工作,2009(12):9-12.

[63]黎晓.试论西部少数民族地区高校图书馆的读者服务工作[J].科技情报开发与经济,2007(15):18-19.

[64]柴草.分层粗糙面电磁散射的矩量法研究[J].电子世界,2013(9):114-115.

[65]苏建华.移动阅读环境下高校图书馆的发展[J].现代情报,2013(1):34.

[66]乌恩.智慧图书馆及其服务模式的研究[J].情报资料工作,2012(5).

[67]王淼.建设学习型社会与图书馆全面发展[J].图书馆研究与工作,2003(4).

[68]王锐英.北京建筑工程学院图书馆第二届学术研讨会论文集——网络环境下的信息服务理论与实践探讨[M].北京:中国建筑工业出版社,2011.

[69]崔荣华.现代高校图书馆服务管理的集成研究[J].图书馆理论与实践,2006(2):78-80.

[70]沈洋.高校图书馆学科服务制度体系建设研究——基于我国39所985高校的调查[J].现代情报,2017(5):121-124.

[71]杨卫霞.关于高校现代图书管理路径的探索[J].课程教育研究,2017(10):4.

[72]崔芳.高校图书馆人力资源建设个案研究[D].保定:河北大学,2016.

[73]王寒凌.从图书馆馆徽看高校图书馆管理理念[J].大学图

书情报学刊，2015（3）：60-65.

［74］于海燕．高校图书馆人力资源管理存在的问题及对策分析［D］．沈阳：沈阳师范大学，2014.

［75］王惟．辽宁省高校教育信息化建设策略研究［D］．乌鲁木齐：新疆大学，2015.

［76］杨红玲．高校图书馆业务流程重组研究［D］．湘潭：湘潭大学，2013.

［77］宝音．高校图书馆人力资源激励机制研究：以内农大职院图书馆为例［D］．呼和浩特：内蒙古师范大学，2013.

［78］杨秀平，瞿学惠，吴春芬．现代图书馆信息资源建设研究［M］．北京：中国原子能出版社，2011.

［79］于亚秀，汪志莉，张毅．高校图书馆创新服务［M］．上海：上海社会科学院出版社，2016.

［80］艾家凤．高校图书馆文献信息服务研究［M］．北京：国家图书馆出版社，2015.

［81］刘芳．大数据时代高校图书馆信息服务创新研究［M］．北京：光明日报出版社，2016.

［82］金华．高校图书馆管理与创新研究［M］．南昌：江西人民出版社，2017.

［83］陈美铧．我国高校图书馆开展MOOC服务研究［D］．郑州：郑州大学，2016.

［84］张莹．高校图书馆智库建设研究［D］．秦皇岛：燕山大学，2016.

［85］赵硕．高校图书馆馆员激励机制研究［D］．青岛：青岛大学，2016.

［86］侯雯悦．高校图书馆信息服务能力评价研究［D］．长春：吉林大学，2015．

［87］马威．高校图书馆阅读推广活动研究［D］．郑州：郑州大学，2015．

［88］黄玥．高校图书馆移动阅读服务研究［D］．哈尔滨：黑龙江大学，2015．

［89］梁霄．高校图书馆人力资源激励机制研究［D］．南宁：广西大学，2015．

［90］林淑湘．高校图书馆文献传递服务实证研究［J］．图书馆理论与实践，2017（4）：78-81．

［91］吴卫华．高校图书馆服务供给侧改革浅析［J］．现代情报，2017，37（2）：104-107．

［92］胡德华．"211"高校图书馆借阅制度的透明度研究［J］．图书馆，2017（6）：96-100．

［93］黎晓．浅析公共图书馆在桂西南边境地区发展中的作用［J］．农业图书情报学刊，2008（6）：137-155．

［94］张蓉．日本图书协会评述［J］．图书情报工作，2007（1）：139-142．

［95］刘桂芳．记天津图书馆协会成立前后［J］．图书馆工作与研究，2009（2）：77-78．

［96］孟广均，徐引篪，国外图书馆学情报学研究进展［M］．北京：北京图书馆出版社，1999．

［97］程焕文，潘燕桃．信息资源共享［M］．北京：高等教育出版社，2004：46．

［98］戴龙基，张红扬．图书馆联盟——实现资源共享和互惠互利

的组织形式［J］.大学图书馆学报,2000（3）:36-39.

［99］马费成.信息资源共享的经济效率——以书刊为例的分析［J］.中国图书馆学报,2003（4）:5-9.

［100］陈凌,王燕雯.智慧图书馆馆员综合能力评价指标［J］.数字图书馆论坛,2018（4）:66-72.

［101］初景利,段美珍.智慧图书馆与智慧服务［J］.图书馆建设,2018（4）:85-90.

［102］储节旺,李安.智慧图书馆的建设及其对技术和馆员的要求［J］.图书情报工作,2015,59（15）:27-34.

［103］黄力.基于物联网技术的图书馆服务模式与内容的研究［J］.图书馆学研究,2011（3）:51-55.

［104］邱圣晖,谭伟贞,曾智华.智慧图书馆环境下智慧馆员的培养［J］.兰台世界,2016（12）:77-79.

［105］王维秋,刘春丽.智慧图书馆的理论演进历程、应用前沿与发展趋势研究［J］.图书馆学研究,2017（18）:17-20.

［106］赵乃瑄,周静珍.移动阅读环境下大学图书馆的转型、创新和合作［J］.图书情报工作,2012（5）:48-51.

［107］姜颖.我国移动图书馆服务现状及发展对策［J］.图书馆建设,2011（12）:75-78.

［108］孙杨.高校移动图书馆服务模式探析［J］.当代图书馆,2012（3）:32-35.

［109］戴晓红.移动图书馆服务模式和应用前景初探［J］.图书馆工作与研究,2012（9）:37-41.

［110］王菁璐.移动图书馆服务模式探究［J］.图书馆建设,2012（8）:44-46.

［111］靳艳华．试析移动图书馆的发展前景及实施策略［J］．图书馆工作与研究，2013（1）：43-45．

［112］罗晓涛．探索移动图书馆服务新模式［J］．图书馆论坛，2013（2）：99-101．

［113］宋恩梅，袁琳．移动的书海：国内移动图书馆现状及发展趋势［J］．中国图书馆学报，2010（9）：34-48．

［114］魏群义．国内移动图书馆应用与发展现状研究［J］．图书馆，2013（1）：114-117．

［115］阮冈纳赞．图书馆学五定律［M］．北京：书目文献出版社，1931．